Reinhard Kaiser

Literarische Spaziergänge im **Internet**

Dieses Buch wollte ich eigentlich nur kaufen – nicht schreiben. Doch im Buchhandel war es nicht zu bekommen. Bücher über das Internet füllten dort zwar schon etliche Regale, aber einen literarischen Wegweiser fand ich nicht unter ihnen. So verfiel ich auf die Idee, selbst loszugehen und mich im Bezirk der Rechner und Verbindungen, im Netz der Netze, wie man sagt, im Datendschungel, nach Poesie und Prosa, nach Schreibern und Werken umzusehen – nicht so sehr auf besondere Kenntnisse in Fragen der Computertechnik und der Datenfernübertragung, sondern vor allem auf die eigene Neugier vertrauend, von der ich hoffte, daß sie auch in jener Welt nicht so bald erlahmen würde. R.K.

Reinhard Kaiser

Literarische Spaziergänge im **Internet**

Bücher und Bibliotheken online

Eichborn.

Die Spaziergänge im Internet, deren Früchte in diesem Buch dargeboten werden, habe ich zwischen Januar und Mai 1996 unternommen. Alle Adressen wurden Mitte Juni 1996 noch einmal auf ihre Richtigkeit und Anwählbarkeit überprüft und, wenn nötig, aktualisiert.

Reinhard Kaiser
Frankfurt am Main, 24. Juni 1996

E-Mail: 100556.2267@compuserve.com
oder: ReinKaiser@aol.com

Die Deutsche Bibliothek – CIP-Einheitsaufnahme

Kaiser, Reinhard:
Literarische Spaziergänge im Internet : Bücher und Bibliotheken online / Reinhard Kaiser. –
Frankfurt am Main : Eichborn, 1996
ISBN 3-8218-0975-2

Umschlaggestaltung: Christina Hucke
Lektorat: Waltraud Berz
Satz: Libro, Kriftel bei Frankfurt
Druck und Bindung: Wiener Verlag, Himberg
ISBN 3-8218-0975-2
Verlagsverzeichnis schickt gern:
Eichborn Verlag, Kaiserstraße 66, 60329 Frankfurt/Main

Inhalt

Wegzehrung

Ich habe nicht vor, in diesem Buch irgend jemandem einzureden, er lebe hinter dem Mond, wenn er nicht vor seinem Bildschirm regelmäßig online gehe. Ob sich Börsenmakler und Mathematiker, Programmierer und Manager ihre Welt inzwischen ohne Internet nicht mehr vorstellen können, weiß ich nicht. Daß aber Leser und Leute, die mit Büchern Umgang pflegen, sehr wohl ohne Zugang zum Internet auskommen können, weiß ich. Gedruckte Bücher aus Papier und Druckerschwärze, Leinen, Leim und Pappkarton sind eine wunderbare Sache, das Beste, was es auf diesem Gebiet gibt. Bibliotheken, in denen Bücher auf Regalen stehen und Karteikarten in Karteikästen, funktionieren ausgezeichnet. In alten Papieren kramen, wühlen, blättern macht außer staubigen Fingern auch großen Spaß, mir jedenfalls. Bücherwände sind und bleiben ein ideales Gelände für jene Art von Funden, die vielleicht die schönsten sind – die unverhofften, nach denen man nicht gesucht hat. Angenehmer und bekömmlicher als das Lesen am Bildschirm ist das Bücherlesen. Auch zum Schreiben ist ein Computer nicht unerläßlich, und das »Netz der Netze« zum Einsammeln von Wissen und Information oder zum Umgang mit der Literatur schon gar nicht.

Trotzdem packte mich die Neugier, als das Gerücht laut wurde, es tue sich da in greifbarer Nähe, gleich hinter der Scheibe meines Computerbildschirms, ein neuer Tummelplatz von Wörtern und Bildern auf, unschwer und zu erschwinglichem Preis erreichbar. Ich beschaffte mir, was nötig war, um Zugang zu erlangen. Ich sagte mir: Ob eine Bibliothek, ein Museum, ein Archiv etwas taugt, kann ich nicht feststellen, indem ich draußen stehen bleibe und mir Gedanken mache. Besser ist es, ich trete ein und sehe mich drinnen um.

Was ich über das Internet gelesen hatte, war mir großenteils suspekt erschienen – das Gejubel der Netznarren über den Weg nach vorn, in die schöne, neue, bessere Welt des anbrechenden Informationszeitalters und der universellen, lichtschnellen Kommunikation ebenso wie die Klagelieder anscheinend meist schlecht unterrichteter Pessimisten über den Niedergang der Buch- und Schreibkultur, über die unausweichliche Kapitulation des Menschenverstandes vor der Informationslawine, über die gefährlichen Abgründe und Verlockungen der virtuellen Welten, die da in bedrohlicher Nähe, gleich hinter der Scheibe meines Computerbildschirms, lauerten.

Ich wollte selbst herausfinden, was es mit alledem auf sich hat – auch aus professioneller Neugier. Im gewöhnlichen Leben betätige ich mich als Faktenhuber und Wörterverdreher, als Übersetzer, und gelegentlich auch als Geschichtenfinder oder -erfinder und nehme in diesen verschiedenen Eigenschaften gern und heftig Anteil an der Welt der Bücher. Es wäre mir fahrlässig erschienen, einen Teil dieser Welt zu ignorieren, in dem angeblich eine neue Bibliothek entsteht – dem allgemeinen Klamauk zufolge sogar eine von gigantischen Ausmaßen, vermutlich also nicht ganz klein.

Wer eine Bibliothek zum erstenmal betritt, der ist gut beraten, wenn er ein wenig Geduld mitbringt. Keine Bibliothek, die diesen Namen verdient, erschließt sich schon beim ersten Besuch auch nur halbwegs – auch nicht das Internet. Und keine Bibliothek erschließt sich mit allem, was in ihr steckt, irgendeinem ihrer Besucher jemals ganz. Bibliotheksbesucher wissen das. Gerade das ist es, was sie nicht zur Ruhe, sondern wiederkommen läßt – die schöne, schreckliche Unergründlichkeit der Magazine. Wem davor graust, der braucht nicht einzutreten. Soll man ihm raten, einem Buchclub beizutreten? Vielleicht nicht. Auch aus dem Clubkatalog und noch aus dem Hauptvorschlagsband selbst würde ihm womöglich jene Unergründlichkeit entgegenquellen, der er aus dem Weg gehen wollte. Die Springflut des Wissens, der Informationen, Zeichen, Bilder kann den, der vor ihr nur auf der Hut sein will, statt sich auf das eigene Orientierungsvermögen zu besinnen, an vielen Stellen einholen – nicht nur im Internet.

Leser sind im Vorteil

Leser, so scheint mir, sind besser als manche anderen gerüstet für das Internet. In virtuellen Welten umherschweifen – das haben Leser schon immer getan. Und mit den Gefahren, die in diesen Welten angeblich lauern, kennen sie sich vergleichsweise gut aus. Vor diesen Gefahren – vor der Verwechslung von Schein und Wirklichkeit, vor Isolation, Vereinzelung und Identitätsverlust, vor der Sucht nach immer mehr von jenem Stoff, aus dem die virtuellen Welten errichtet sind – haben wohlmeinende Erzieher und moralisierende Bescheidwisser die Leser (und Leserinnen) schon vor zweihundert Jahren gewarnt. Damals ging es um Romane.

Leser sind auch deshalb besser für das Internet gerüstet, weil sie längst wissen, was andere anscheinend erst noch lernen müssen: daß Surfen auf die Dauer keine angemessene Art des Umgangs mit Zeichen und Bildern und vor allem mit Texten ist. Der Surfer findet die Stellen nicht wieder, die er auf seinem Weg durch Wellen und bewegtes Wasser gekreuzt und berührt hat. Er hat die Zeit nicht, sich umzusehen. Er tanzt auf der

Welle und sieht zu, daß er weiterkommt. Würde er verweilen, müßte er untergehen. Der Leser dagegen gleicht dem Fußgänger. Er kann sein Tempo zwischen Geschwindschritt und Schlendern variieren, kann sich Zeit nehmen, kann innehalten und Notizen machen. Er kann sich merken, wie und auf welchen Wegen er wohin gekommen ist, und er kann, wenn ihm daran liegt, zurückkehren.

Apparatebauer und Programmkonstrukteure haben ihre oft bewunderungswürdige Arbeit getan, wenn die Verbindung hergestellt und die Datenübertragung gesichert ist. Die Internet-Propaganda indessen, die das Dahingleiten auf dem Datenozean zum Fortbewegungsideal der »medialen Zukunft« erhebt, macht sich die Perspektive dieser Techniker zueigen und feiert blauäugig noch einmal das bloße Funktionieren von Kommunikation. Es ist, als wären die Funkamateure, die »Wellenreiter« von ehedem, zu neuem Leben erwacht – nur daß nun nicht mehr ein mitternächtliches Knarren aus Kuala Lumpur oder Adelaide, sondern das Bild von Bill Clintons Katze höchsten Triumph bedeutet. Leser hingegen begnügen sich nicht mit den schmalen Freuden, die die Kommunikation um ihrer selbst willen zu bieten vermag, und sie wissen, daß auf Schritt und Tritt der Unfug sich um ihre Aufmerksamkeit bewirbt.

Mir scheint, wer heute neue Erkenntnisse über den Cyberspace und über virtuelle Räume zu Papier oder auf den Bildschirm bringt, der ist gut beraten, wenn er die Neuigkeit seiner Befunde zunächst einmal an der Welt der herkömmlichen Bücher und Bibliotheken, ihrer Leser und Benutzer überprüft. Gut möglich, daß sich dann viele (ich sage nicht: alle) Thesen und Bedenken als keineswegs so neu und stichhaltig, so drängend und dramatisch erweisen, wie es zunächst den Anschein hatte. Das rasche Überwinden der Grenzen von Zeit und Raum zum Beispiel, das bei manchen neuerdings wieder einmal für so ungemein sinnverwirrend gilt, praktizieren Leser seit eh und je – oft mit Gewinn und ohne ernstlich Schaden zu nehmen.

Insbesondere mit Sturzfluten von Information kommen Leser seit jeher nicht schlecht zurecht. Man mache sich nur einmal klar, welche Halden von Informationsmüll jeder Käufer einer Zeitung beim Betreten eines Zeitschriftenladens, mühelos, ohne es auch nur zu bemerken, durch bloßes Übersehen all dessen, was er nicht haben will, beiseite schaufelt, oder welche Datenkontinente und Wissensgebirge der Besucher einer Bibliothek leichten Fußes durchquert, ehe er an ein Regal tritt und das gesuchte Buch herausnimmt. Information ist immer Flut, und den, der sich nicht zu orientieren weiß, wird sie überfluten. Das gilt für jede einzelne Ausgabe einer Tageszeitung genauso wie für jedes Buch und jede Stadtteilbücherei, und es gilt auch für das Internet. Lamentieren hilft da wenig. Wer sich nicht zu orientieren weiß, über den kann die Flutwelle überall hereinbrechen. Allerdings würde sich der, den sie in einer Bibliothek überrollt, nicht mit kulturkritischen Betrachtungen hervorwagen. Er würde entweder ohne viel Worte das Weite suchen, oder er würde sich mit dem Katalog und der Anordnung der Regale vertraut machen.

Angesichts der neuesten Informationsschwemme aus dem Internet wird in letzter Zeit wieder gern und häufig darauf hingewiesen, daß Information noch lange nicht Wissen und Wissen noch lange nicht Erkenntnis oder Einsicht sei. Sonderbar ist dabei, daß diese ohne Zweifel zutreffende Feststellung, oft so vorgetragen wird, als würde sie einen besonders problematischen Aspekt speziell der Netzwelt benennen, als würde sie für Informationen aus anderen, herkömmlichen, würdigeren, gesetzteren Medien nicht gelten, als würde namentlich das Bücherlesen gleichsam automatisch weise machen. Aber wie für die »Web-Seiten« des Internet, so gilt nach wie vor auch für gedruckte Bücher, daß sich das, was sie vermitteln, im Kopf des Aufnehmenden nicht automatisch in Wissen und Erkenntnis verwandelt, worauf schon Lichtenberg mit der Bemerkung hingewiesen hat, daß beim Zusammenstoß von Kopf und Buch ein etwa vernehmbar werdender hohler Klang nicht unbedingt aus dem Buch hervordringen müsse.

Jubler und Jammerer

Dem blauäugigen Optimismus der Claqueure und Freaks entspricht die leicht fertige Naivität mancher Kritiker, die sich einige schmale Einsichten als Bildschirmschoner auf ihren Terminals installiert zu haben scheinen. Da drehen sich oft erschreckend magere Denkfiguren im Kreis. Den Tanz um das neue goldene Kalb führen aber beide Gruppen gemeinsam auf. Und beide Gruppen bestärken einander darin, dem, was da eventuell ist, eine imaginäre Übergröße und Übermacht anzudichten – die einen, um es hochzujubeln, die anderen, um es zu verdammen.

Clifford Stoll, ein studierter Astronom, ist in diesem Zusammenhang eine besonders interessante Gestalt. Nach eigenem Bekunden hat er sich fünfzehn Jahre lang im erst langsam, dann immer schneller wachsenden Internet umgesehen. Nun ist er geläutert zurückgekehrt und hat seine Erfahrungen aufgezeichnet. Manches von dem, was er in »Die Wüste Internet« zu bedenken gibt, ist wirklich bedenkenswert – aber die Erkenntnisse, die er selbst für die wichtigsten zu halten scheint, sind so beschaffen, daß ein unbefangener Betrachter auf den Gedanken kommen könnte, es sollten keine fünfzehn Jahre, ja, nicht einmal fünfzehn Minuten im Netz erforderlich sein, um sie zu gewinnen. Jede Stunde am Bildschirm, so erklärt Clifford Stoll (S.31), seien sechzig Minuten, in denen man keine Tomaten gepflanzt, keine freiwillige Arbeit im Krankenhaus geleistet, keine Vase getöpfert und dem Kleinen von nebenan nicht gezeigt habe, wie man einen Baseball wirft. Das trifft sicherlich zu. Aber für jede Stunde, die man mit einem Buch verbringt, gilt natürlich das gleiche. (Und im übrigen ist es auch unzweifelhaft wahr, daß jede Stunde, die man beim Töpfern einer Vase verbringt, aus sechzig Minuten besteht, in denen man dem Kleinen von nebenan schon wieder nicht gezeigt hat, wie man einen Baseball wirft.)

Clifford Stoll beklagt zurecht, daß die Segnungen des neuen Mediums maßlos übertrieben würden und daß unsere Erwartungen vollkommen unrealistisch seien. Aber niemandes Erwartungen scheinen jemals so übertrieben und so unrealistisch gewesen zu sein wie seine eigenen. Gleichsam als Quintessenz seiner Überlegungen zum Internet teilt er uns eine Erkenntnis mit, die über die Netzwelt fast nichts, sehr viel aber über die (einstigen) Erwartungen dessen sagt, der sie für mitteilenswert hält: »Vögel singen da nicht.« (S. 336)

Die Kehrseite der naiven Erwartung ist die naive Enttäuschung. Nur weil er der Propaganda der Netznarren von den universellen Möglichkeiten des leichten Griffs nach sämtlichen Daten in aller Welt auf den Leim gegangen ist (oder vielleicht selbst mal zu den Propagandisten gehörte?), muß er nachher den Lesern seines Buches, vor allem aber sich selbst, wie er ehrlicherweise gesteht, weitläufig auseinandersetzen, was bei besonnener Betrachtung ohnehin klar ist: daß das Netz niemals die herkömmlichen Bibliotheken und Bücher ersetzen kann oder in sich aufnehmen oder verschlucken wird. Und nur wer selbst einmal geglaubt hat, die virtuelle Realität werde oder könne die Wirklichkeit ersetzen, kann es nachher für sinnvoll halten, denen, die das Internet besuchen wollen, zuzurufen: »Sie betreten ein nicht-existentes Universum. Bedenken Sie die Konsequenzen.« (S.17)

Für Leser klingt so ein Zuruf nicht unbedingt wie eine Warnung, eher wie eine Einladung. Auch »Werthers Leiden« oder der »Tristan« von Gottfried von Straßburg entwerfen »nicht-existente« Universen, in denen allenfalls virtuelle Vögel singen. Die Geschichte vom armen Don Quijote, dem die Bücher und speziell die Ritterromane zu Kopfe steigen, ist keine Warnung vor den Gefahren des Lesens und der Bücher, sie spielt vielmehr mit der Vergeblichkeit solcher Warnungen, indem sie – wiederum als Buch – nun uns zu Kopfe steigt. Die Abenteuer im Kopf, die Zimmerreisen, die Fahrten mit dem Finger auf der Landkarte, die imaginären Reisen zu den vier Enden der Erde haben ihre eigene würdige Tradition. Der private Tomatenanbau, das Vasentöpfern und die Sporterziehung von Nachbarskindern sind über solchen Ausflügen bisher nicht ernstlich vernachlässigt worden. Hören und Sehen sind den Lesern beim Durchstreifen »nicht-existenter« Welten bisher nicht vergangen, und wen das Fernsehen noch nicht um den Verstand gebracht hat, der wird ihn wohl auch im Internet nicht verlieren.

Daß die Gefahren, die auf einem unerkundeten Gelände drohen, geringer sind, als bange Bedenkenträger meinen, ist natürlich noch kein Grund, dieses Gelände auch wirklich zu betreten. Wer abwechslungsreiche Landschaften liebt und leere Kilometer verabscheut, der wird sich von einer Wüste auch dann fernhalten, wenn er sie gefahrlos betreten könnte. Anders gesagt: daß das Internet Bücherlesern nicht schadet, bedeutet noch lange nicht, daß es ihnen nützen, geschweige denn, daß es sie erfreuen könnte.

Geschenkter Gaul

Was nichts kostet, ist auch nichts – lautet eine Faustregel, die sich in einer Welt voller Lockangebote und großer Versprechungen oft genug bewährt. Würde sie immer und überall zutreffen, müßte es um die Qualität dessen, was sich im Internet finden läßt, schlecht bestellt sein, denn dessen Inhalte kosten über weite Strecken tatsächlich nichts. Zwar lassen sich die Provider und Online-Dienste den Zugang zum Netz bezahlen, und obendrein fallen noch die Telefongebühren an. Aber die überwiegende Mehrheit derer, die im Internet Texte, Bilder, Töne oder Programme zum allgemeinen Gebrauch und Nutzen, zur Lektüre, zum Betrachten, zum Herunterladen bereitstellen, erheben dafür keine Gebühren. Wie steht es da um die Qualität der Angebote?

Nun, es verhält sich mit ihr im Internet ganz ähnlich, wie in anderen Medien auch: viel Mumpitz, noch mehr Mittelmaß, und das Gute-Schöne-Wahre liefert sich auch hier dem nicht aus, der Sinn und Verstand zu Hause gelassen hat und glaubt, ihm würden die gebratenen Tauben oder die geistigen und ästhetischen Hochgenüsse nur so ins Maul oder an den Kopf fliegen. Wer sich im Internet umsieht, muß sogar etwas mehr eigenen Sinn, eigenen Verstand und eigene Urteilskraft aufwenden, als in einer Bibliothek voller Druckerzeugnisse vonnöten wäre. Das liegt daran, daß bei der Auswahl und Anhäufung dessen, was im Internet das Licht der Öffentlichkeit erblickt, Sinn, Verstand und Urteilskraft oft eine etwas geringere Rolle spielen, als dies bei herkömmlichen Veröffentlichungsverfahren üblich ist.

Der Publikationseifer der Menschheit kann sich im Netz ungehemmter ausleben als in der Welt des bedruckten Papiers. Die Zugänge stehen weit offen. Platz ist reichlich vorhanden. Das Veröffentlichen ist billig. Mittel und Wege, die eigene Homepage im Netz zu installieren, sind leicht gefunden. Ungehindert fließt die Rede durch das Internet – frei, was ein Segen ist, und breit, was zur Qual werden kann. Wer etwas zu sagen hat, der kann es kundtun – und wer nichts zu sagen hat, ebenfalls. Eine wirksame Kontrolle gibt es nicht – und wenn sie (woran zwischen Teheran und München, Washington und Peking vielerorts gearbeitet wird) über kurz oder lang installiert werden sollte, dann werden die Machthaber das politisch Mißliebige und die Rechthaber das politisch und moralisch Unkorrekte herausfiltern, aber der Breite, dem Gerede, wird niemand Einhalt tun.

Die Wohltat der Redefreiheit ist, so scheint es, im Internet ohne die Qual des Gequassels nicht zu haben. Lektoren und Redakteure, wie sie in Verlagen oder Zeitungshäusern das Belanglose vom Wichtigen, das Sinnlose vom Lesenswerten trennen, oder Sysops (»system operators«), die die redaktionellen Programme der Online-Dienste »moderieren«, gibt es an einzelnen Stellen des Internet, aber nicht für das Netz als Gesamtheit – und das ist in Anbetracht der Größe und der Vielstimmigkeit des Netzes auch gut so. Für den, der sich im Internet umsehen möchte, wird die Orientierung zwischen Quatsch und Qualität dadurch natürlich nicht leichter. Zuletzt bleibt ihm wohl nichts anderes übrig, als mit Kants berühmter Empfehlung Ernst zu machen: Faulheit, Feigheit und Unmündigkeit abstreifen und lernen, sich des eigenen Verstandes ohne Leitung eines anderen zu bedienen.

An Ramsch, Masse und Müll besteht also kein Mangel. Aber der Abraum füllt die Sphären des Netzes nicht aus, und er verschüttet auch nicht die Zugänge zu solchen Plätzen, an denen Engagement und Initiative jene Faustregel außer Kraft setzen, derzufolge die Qualität einer Sache ein unmittelbarer Ausfluß ihrer Kostspieligkeit sein soll. Diese Faustregel gilt vor allem dort nicht, wo öffentliche Institutionen, Bibliotheken, Universitäten, Forschungseinrichtungen ihren öffentlichen Auftrag auf das öffentliche Netz ausdehnen, wie dies vor allem in Amerika mit großem Einsatz und viel Phantasie vielerorts geschieht. Sie gilt auch dort nicht, wo kundige und engagierte Liebhaber oder Spezialisten, die anderswo, etwa an Universitäten oder Schulen, ihr Geld verdienen, mit Kompetenz und mit Freude an ihrer Sache Wissen publizieren, Zeit, Arbeit und Sorgfalt aufwenden. Und sie gilt selbst dort nicht, wo der Geschäftssinn oder der Wunsch, Claims abzustecken, Firmen und Organisationen, auch Buch- und Zeitungsverlage dazu bringt, Angebote im Netz zu installieren, die nicht selten weit mehr sind als bloße Reklame.

Gutes und Nützliches kommt – wie im Leben, so auch im Internet – nicht nur dort zustande, wo Geld gefordert und Geld gezahlt wird. Der Zahlende fühlt sich berechtigt, dem Gaul ins Maul zu schauen, Erwartungen und Ansprüche zu formulieren. Doch eine Gewähr für Qualität vermag ihm sein Geld nicht bieten, denn umkehren läßt sich jene Faustregel eben nicht. Vieles, das kostet, ist trotzdem nichts.

Allerdings ist eine nicht ganz unwichtige Gruppe potentieller Lieferanten von möglicherweise lesenswerten Texten für das Internet so gut wie verloren: die professionellen Schreiber, all jene, die sich darauf eingelassen haben, mit dem, was sie schreiben, ihren Lebensunterhalt zu verdienen. Sie können ihre Arbeit nicht oder nur ausnahmsweise verschenken. Deshalb wird man neuer Literatur, die sich verkaufen läßt, Texten, die ihren Verlag finden können oder schon gefunden haben, im Internet kaum begegnen – allenfalls als Kostprobe und Einladung zum Kauf des kompletten Buches. Reichlich hingegen findet man solche literarischen Versuche, die ihren Verlag suchen, aber bisher (oft genug aus leicht nachvollziehbaren Gründen) nicht gefunden haben.

Hier stößt das Dogma der orthodoxen Urgemeinden im Internet an seine Grenzen, demzufolge das Urheberrecht in der anbrechenden neuen Kommunikationsära ein alter Hut und alles Gute im Netz »free«, nämlich frei und kostenlos sei und immer sein werde. Gewiß, wenn das Internet heute mit Seiten und Projekten aufwartet, die auch anspruchsvolle Bücherleser interessieren und erfreuen können, so ist das vor allem der Allianz aus begnadeten Amateuren und beamteten Gelehrten zu verdanken, deren Idealismus eine kaum zu überschätzende Quelle der Qualität ist. Und daß die Amateure, was Wissen, Hingabe an die Sache, Artikulationsfähigkeit und Witz angeht, hinter den Profis oft nicht zurückstehen, ihnen nicht selten sogar überlegen sind, zeigt sich nicht nur beim Kometenentdecken am Sternenhimmel, sondern auch im Internet an vielen Stellen. Es zeigt sich aber gerade in den literarischen Sphären des Internet auch schmerzlich, daß etwas Wichtiges fehlt, wenn aus der Sphäre der lebenden Berufsschreiber allenfalls Kostproben, Spenden aus der Schublade und Zitat-Krümel auf den Tisch kommen, während Hobby- und Hypertextpoeten im Bunde mit gemeinfreien Klassikern die Szenerie beherrschen.

Die Qualität der neuen Literatur im Internet würde sich vermutlich bald heben, wenn sich mit Online-Texten etwas verdienen ließe. Daß jeder einzelne Schreiber eine eigene Homepage einrichtet und diese kostenpflichtig macht, wäre wohl nicht der richtige Weg. Möglich wäre jedoch die Zusammenrottung, die freie Assoziation der Kräfte. Das Modell gibt es schon: sogenannte geschlossene Benutzergruppen, zu denen jeder Interessierte sich gegen eine Jahresgebühr Zutritt verschaffen kann, um fortan die Dienste dieser Gruppe mit Hilfe eines Paßwortes beliebig in Anspruch zu nehmen – seien es die Archive einer Wirtschaftsdatenbank oder der Neuen Zürcher Zeitung oder eines Erotikclubs oder die Online-Ausgabe der Encyclopedia Britannica. Die Assoziation der Schriftsteller, die sich mit eigenen Arbeiten auf einem solchen Ponte Vecchio nicht der Goldschmiede-, sondern der Pagenstecherkunst versammeln, müßte nur groß und attraktiv genug sein, eine nennenswerte Zahl von Lesern anzulocken. Gründliches Lektorat und hohe Maßstäbe wären unerläßlich.

Andererseits: Warum soll das Internet denn keine blinden Flecken aufweisen? Warum soll es überhaupt ein »Gesamtbild« von irgend etwas und schon gar eines »der« Literatur entwerfen? Es ist weder wünschenswert noch möglich, daß das Netz der Netze die ganze Welt und die ganze Bücherwelt umspinnt und »erfaßt«. Es wird diese Welt in einigen, vielleicht in vielen ihrer Züge anders machen, als sie war, aber es wird sie nicht ersetzen. Es wird weder die Schrift- noch die Buchkultur, noch die Bibliotheken zum Verschwinden bringen. Clifford Stoll hat gewiß recht, wenn er die Idee der bücherlosen Bücherei als Hirngespinst bezeichnet und angesichts der Erfolgsmeldungen des Projekts Gutenberg über die Anzahl der bereits digitalisierten Bücher feststellt: »Mir fehlen da noch ungefähr zehn Millionen Bände«.(S.256)

Ein größeres Aufbewahrungsbehältnis

Ich bin auf meinen Wanderungen durch das Internet an viele Bibliotheken geraten und habe viele betreten – aber das Internet als ganzes erwies sich, anders, als ich es erwartet hatte, nicht als eine Bibliothek. Es kann keine sein. Es hat zwar das Zeug, den Stoff, zu einer Bibliothek – es kann jedoch aufgrund seiner dezentralen Struktur nicht die Ordnung einer Bibliothek aufweisen. Ein schneller Rechner, der in ungezählten Dokumenten, die unter 35 Millionen Web-Adressen erreichbar sind, Vergleiche zwischen Zeichenketten anstellen kann, ist ein nicht zu verachtendes Hilfsmittel – aber einen Zentralkatalog vermag er nicht zu ersetzen. Kontinuität und Verläßlichkeit in der Bearbeitung und Aufbewahrung der gesammelten Dokumente, Garantie von Auffindbarkeit und Übersichtlichkeit – mit solchen Vorzügen kann das Internet nicht aufwarten. Für Leser und Leute, die mit Büchern umgehen, ist es deshalb nicht verloren. Es gewinnt sogar einen besonderen Reiz, wenn man es für das nimmt, was es ist: kein geordnetes, aus einem Punkt durchsuchbares, verläßliche Findewege garantierendes Ganzes, sondern ein Basar im Bau, ein verwinkeltes, allgemein zugängliches, allgemein nutzbares Lager-, Vorrats- und Zeughaus, in dem mancherlei deponiert wird, nicht zuletzt digitale Schriftrollen in großer Zahl. Das Internet ist keine Bibliothek, sondern ein »Magazin« oder der Bauplatz, an dem ein solches errichtet wird.

Die erste deutsche Illustrierte erschien im Jahre 1833. Nicht nur die Idee und das Erfolgsrezept, sondern auch der Titel stammten aus England. Ein Jahr vor dem »Pfennig-Magazin« hatte ein gewisser Charles Knight in London damit begonnen, sein »Penny-Magazine« herauszubringen, und auch in Paris erschien seit

1833 ein illustriertes Wochenblatt, das »Magasin pittoresque«. Alle diese Magazine waren sich des Umstandes noch deutlich bewußt, daß sie eine aus dem Arabischen stammende Bezeichnung für »Vorratshäuser oder größere Aufbewahrungsbehältnisse« im Titel führten. Sie arbeiteten übrigens eng zusammen, vor allem in den ersten Jahren. Da übernahm der Pariser Verlag Martin Bossange gern die Druckstöcke der Illustrationen aus London für sein »Magasin« und ließ sie samt denen, die in Paris angefertigt worden waren, in seiner Leipziger Filiale für das deutsche »Pfennig-Magazin« noch einmal verwenden. Das war billiger, als neue Holzstiche herzustellen, zumal die Fachleute mit dem erforderlichen grafisch-technischen Know-how, die sogenannten Xylographen oder Holzstecher, in der ersten Zeit auf dem Kontinent noch dünn gesät waren. So kam es, daß in Deutschland mehr Bilder aus England und, durch sie veranlaßt, auch mehr Artikel, die sich mit englischen Dingen befaßten, erschienen, als bei uneingeschränkter Entscheidungsfreiheit der Redaktion vielleicht erschienen wären. Es waltete ein gleichsam technisch und ökonomisch, auch durch Ideenpriorität und industriellen Vorsprung induzierter Anglozentrismus, der dem starken Interesse des Biedermeierpublikums an allem Englischen in mancher Hinsicht entgegenkam, der aber auch national gesonnenen Widerspruch auslöste. Noch 1842 soll Friedrich Harkort, ein früher deutscher Industrieller, später auch Abgeordneter der preußischen Nationalversammlung, über das »Pfennig-Magazin« gewettert haben: »Da war zu sehen für den deutschen Knaben: Warwick Castle, St.Pauls-Kirche, Windsorschloß. Das nennen wir vaterländische Lektüre.«

Vaterländische Lektüre haben auch die Vorratsräume des Internet verhältnismäßig wenig zu bieten. Es waltet im Netz der Netze ein Anglozentrismus, für den es neben vielen anderen auch ganz ähnliche Gründe wie seinerzeit für den im »Pfennig-Magazin« gibt: Ideenpriorität und industrieller Vorsprung. Die Sphären, in denen andere Sprachen als das Englische dominieren, sind zwar, wie alles am und im Internet, in raschem Wachstum begriffen. Aber die größte Sphäre ist (und bleibt wohl auch) diejenige, in der englisch gesprochen und geschrieben wird. Außerdem ist das Englische die Lingua franca, durch die der Verkehr zwischen den verschiedenen Sprachsphären vermittelt wird. Ohne Englisch kommt man im Internet nicht sehr weit herum, mit Englisch indessen fast überall hin. Auch über deutsche Autoren findet man oft mehr Material in englischer als in deutscher Sprache. Selbst das Pariser Ministerium für Kultur und Frankophonie bietet neben seiner französischen eine englische Begrüßungsseite an. Man kann diese Allgegenwart des Englischen hinderlich finden und beklagen, aber entgehen wird man ihr nicht. Im übrigen bietet sie all jenen, deren erste Sprache nicht das Englische ist, an manchen Stellen eine schöne Chance, die eigene Kultur aus neuer, anderer, verfremdeter Perspektive zu betrachten – eine Chance, um die uns vielleicht mancher verständige Amerikaner insgeheim beneidet.

Was findet wer sucht?

Es gibt sie natürlich, die Lawine, die Sturzflut der Informationen, und man wird ihrer ansichtig, wenn man die großen, schnellen Suchwerkzeuge aufruft, die das Internet überschaubarer machen sollen, vor allem »Lycos«. Je allgemeiner das Suchwort, desto überwältigender die Fülle. Am 2. April 1996 erstreckte sich die Lycos-Suche auf Daten, die unter 34 149 235 verschiedenen Internet-

Adressen lagern sollen. Da führt die Eingabe des Göttinnennamens »Eos« binnen weniger Sekunden zur Feststellung von 10 233 Treffern, von denen (zunächst) nur die ersten zehn angezeigt werden. Sie verweisen allerdings allesamt auf ein satellitengestütztes »**E**arth **O**bserving **S**ystem«, das mit dem Olymp immerhin den erhöhten Gesichtspunkt gemeinsam hat. Andererseits führt die Suche nach Lords Byrons literaturbeflissenem Leibarzt John William Polidori direkt in ein Archiv der Horrorliteratur mit nützlichen Hinweisen und obendrein unerwarteterweise zu einer Online-Ausgabe von Polidoris Erzählung »The Vampyre«, der ersten nennenswerten Vampirgeschichte überhaupt, lange vor Bram Stokers »Dracula«-Roman.

Mit dem Internet und seinen Suchmaschinen beginnt ein neues Element von Überraschung in die Sphäre der Rechner einzuziehen. Seit langem gehorchen Computer mannigfaltigen Suchbefehlen in den unterschiedlichsten Programmen. Aber dieses Suchen war stets eine eigentümlich beschränkte, sterile Angelegenheit, eher ein rasches Blättern oder gezieltes Springen in gespeicherten Dokumenten. Die Suchfunktion des Schreibprogramms findet in einer Datei, die auf bedrucktem Papier einen Folianten füllen würde, das gesuchte Wort binnen weniger Sekunden. Es fehlt dieser Art von Suche jedoch das, was das Suchen nach herkömmlichem Verstande gerade interessant und spannend macht: die dritte Möglichkeit. Wer mit dem Computer sucht, der findet entweder nichts oder das, was er gesucht hat – eine ärmliche Ausbeute, verglichen mit dem, was eine Suche anderswo im Leben zutage fördern kann, nicht nur »nichts«, nicht nur das, was man gesucht hat, sondern auch etwas, das man nicht gesucht und trotzdem gefunden hat! Diese letzte Art von unverhofften, ungesuchten Funden ist vielleicht die wichtigste von allen.

Der Ausdruck Zufallsfund trifft die Sache nicht ganz. In ihm klingt Beliebigkeit an. Aber die ungesuchten Funde sind in der Regel nicht zufällige, sondern »glückliche«, weil sie in der Nähe dessen liegen, was man gesucht hat, weil sie es ergänzen, das Gesichtsfeld erweitern, in einer ungeahnten Beziehung zum Gesuchten stehen. Oft sind sie deshalb produktiv, beflügelnd, ideenstiftend – alles in allem so wertvoll, daß ein gewitzter Engländer, Horace Walpole, für sie im Jahre 1754 ein eigenes Wort geprägt hat, das in keinem guten Wörterbuch des Englischen fehlen dürfte: »serendipity«. Ein Märchen regte ihn zu dieser Wortschöpfung an: »The Three Princes of Serendip«. Serendip ist ein alter Name für Ceylon, Ceylon wiederum ein alter Name für Sri Lanka, und jene drei Prinzen »entdeckten infolge von Zufällen und dank ihres Scharfsinnes immerzu Dinge, nach denen sie nicht gesucht hatten«.

Je besser man sich im Internet oder in dem einen oder anderen seiner Bereiche auskennt, desto gezielter kann man suchen, desto genauer wird man abschätzen können, was man an einem Platz vernünftigerweise erwarten kann und was nicht. Das Internet ist aber längst so groß und unübersichtlich, daß neben dem Erwarteten jederzeit – und naturgemäß unerwartet – auch ein serendipitärer Surplus herausspringen kann: der glückliche Zufall, der dem Beglückten zuletzt vielleicht gar als eine Art von Notwendigkeit erscheint, als ein Zu-Fall, als etwas, daß ihm zugefallen ist und nur ihm in dieser besonderen, produktiven Weise zufallen konnte. Wer sich allerdings auf sein Findeglück verläßt, dem wird es vermutlich ergehen wie den meisten Glückspilzen im Märchen: zuletzt steht er mit leeren Händen da.

Schlecht beraten wäre auch, wer sich bei der Suche nach Wissen, Informationen, Daten auf das Internet verlassen und beschränken würde. Das Netz der Netze hat zwar inzwischen zu fast allem etwas zu sagen: aber keineswegs immer Entscheidendes, Verläßliches, Maßgebliches oder auch nur Wichtiges. Es kann und wird, wie gesagt, die Bibliotheken und Archive nicht ersetzen, auch wenn in ihm die Plätze an Zahl und Ausdehnung zunehmen, die so voller Material und Kenntnisse zu bestimmten Themen stecken, daß wer sich mit diesen Themen beschäftigt, an jenen Plätzen, wie man zu sagen pflegt, »kaum vorbeikommt«.

Trotzdem, ich werde es mir wohl auch in Zukunft nicht zur Gewohnheit machen, in elektronischen statt in gedruckten Lexika oder Diktionären nachzuschlagen oder zuerst im Netz statt in der eigenen Bibliothek zu suchen. Der »Griff zum Buch«, wenn es im Regal bereitsteht, ist ein kurzer, rascher – der Weg ins Netz zwar kein sehr langer, aber ein längerer. Mit jenen Fragen jedoch, die zuletzt, nachdem die eigenen Bücher konsultiert sind, übrig bleiben, mit den Fragen, die mich in eine Bibliothek nötigen könnten, kann ich, nachdem ich mir überlegt habe, wo und wie ich suchen will, versuchsweise auch das Netz konfrontieren.

Abschließend

läßt sich wenig sagen. Das Netz der Netze ist eine Baustelle oder vielmehr eine Baustelle der Baustellen – ohne zentrale Leitung, ein Nebeneinander, hier und da auch Miteinander von Initiativen, Projekten, Absichten, Plänen. Manches ist weit gediehen. Fertig ist fast nichts. »Fertig« braucht ein Platz, ein »Site«, auch nicht zu sein, damit man ihn erreichen kann. Oft begegnet man dem Hinweis, bestimmte Bereiche seien »im Bau« – »under heavy construction«. Und so wird es bleiben – so kann es bleiben, mit allen Vorzügen und Nachteilen, die solche Offenheit hat. Ein Buch muß, damit es erscheinen kann, vom Autor abgeschlossen und von allen, die an seiner Produktion beteiligt sind, für fertig erklärt und fertiggestellt werden. Die Web-Seite dagegen bleibt dank ihrer Bauweise, da sie aus einzelnen Elementen zusammengesetzt wird, die sich über automatisierte Querverweise miteinander verknüpfen lassen, offen für Erweiterungen, nachträgliche Korrekturen und Aktualisierungen – eine günstige Voraussetzung für das Veröffentlichen von Wissen, Information und Erkenntnis auf all jenen Gebieten, auf denen die »unendlichen Aufgaben« nie ausgehen und der zu bewältigende »Stoff« nicht versiegt, sondern anwächst. Vielleicht aber auch eine Verlockung, es in dem Bewußtsein, daß jederzeit nachgebessert werden kann, beim Halbfertigen, Unfesten, Ungesicherten bewenden zu lassen. Andererseits bieten, wie die Leseerfahrung lehrt, auch Bücher und andere Druckerzeugnisse trotz all der Verfahren zur Ballung von Konzentration und Sorgfalt, die bei ihrer Fertigstellung angewendet werden, keine Garantie gegen Nach- und Fahrlässigkeit. Nicht nur die elektronische Web-Seite läßt so ziemlich alles mit sich machen, auch das Papier ist bekanntlich seit eh und je geduldig.

Überall im Internet herrscht nicht nur rege Bautätigkeit. Es wird auch viel umgezogen. Umsichtige Leute hinterlassen in einem solchen Fall unter ihrer alten Anschrift einen Hinweis auf die neue. Manchmal jedoch tritt der Besucher ins Leere: »File not found«. Oder er gerät in eine Bauruine. Voller Energie wurde da etwas begonnen, aber dann versagten die Kräfte. Auch das elektronische Publizieren funktioniert nicht von selbst, sondern macht Arbeit, und wer sich auf seiner Web-Seite mit der Aktualität einläßt, verurteilt sich dazu, aktuell zu bleiben.

Gedruckte Adressenverzeichnisse veralten unter solchen Bedingungen ziemlich schnell. Auch der hier vorgelegte Katalog wird diesem Schicksal nicht entgehen. Einer gut betreuten Web-Seite würde das nicht passieren. Aber auf einer Web-Seite ließe sich auch kaum so ausführlich und weiträumig über die verschiedenen Plätze von einschlägigem Interesse im Internet handeln, und es ließe sich in ihr nicht so rasch wie in diesem Buch – blättern.

Ausrüstung und Annäherung

Die Apparatur in Kürze

Zu den technischen Voraussetzungen für den Zugang zum Internet möchte ich nur wenig sagen und im übrigen auf die Bücher und Zeitschriftenartikel verweisen, die von versierteren Hard- und Softwarekundigen, als ich es bin, verfaßt wurden und werden. Die Literatur zum Internet erstreckt sich inzwischen über etliche Regalmeter. Die Computermagazine und eine wachsende Zahl von speziellen Online-Zeitschriften berichten laufend über neue Entwicklungen, stellen aktuelle Preis- und Leistungsvergleiche zwischen verschiedenen Modemtypen, verschiedenen Anbietern, verschiedenen Programmen für den Zugang zum Internet, den sogenannten »Browsern«, an. Man muß das übrigens nicht alles lesen. Es wiederholt sich da vieles, und fast jede Einführung enthält das Nötige. Das Literaturverzeichnis gibt eine Auswahl aus dieser Fülle. Hier nur einige Hinweise.

- Für den Zugang zu den verschiedenen Sphären des Internet wird ein Computer (mit Maus!) benötigt, der nicht unbedingt besonders schnell rechnen können muß, aber einen möglichst großen Arbeitsspeicher haben sollte.
- Es wird sodann ein Modem benötigt, das den Computer mit dem Telefonnetz und über dieses mit dem Internet-Anbieter oder Internet-Zugang verbindet. Modems unterscheiden sich nach der Geschwindigkeit, mit der sie Daten übertragen können. Diese Geschwindigkeit wird in Baud gemessen. Ein Modem mit einer niedrigeren Baudrate als 9 600 sollte man

nicht verwenden, besser eines mit 14400 oder mehr. Leistungsfähigere Modems mit höherer Baudrate erzielen allerdings nicht unbedingt mehr Geschwindigkeit – nämlich dann nicht, wenn es, wie dies oft genug der Fall ist, auf den Wegen im Netz Engpässe gibt.

- Nötig ist schließlich auch ein Telefonanschluß mit einer modernen, sog. TAE-Steckdose.

Der Zugang

Direkten Zutritt zum Internet, das bis vor nicht allzu langer Zeit nur von Universitäten und Forschungseinrichtungen genutzt werden konnte, haben Privatleute nicht. Sogenannte Provider stellen zu sehr unterschiedlichen Gebühren Zugänge zur Verfügung, seit einiger Zeit auch die sogenannten Online-Dienste, die ihren Mitgliedern außerdem ein mehr oder minder umfangreiches eigenes Programm, eine Adresse für die elektronische Post samt elektronischem Postfach und nicht zuletzt Rat und Hilfe bei Problemen im Internet-Verkehr anbieten.

Wer einen Überblick über die zu erwartenden Kosten gewinnen will, darf sich aber nicht darauf beschränken, die Preistafeln der Provider und Online-Dienste miteinander zu vergleichen. Zu berücksichtigen sind auch die obendrein anfallenden Kosten für die Telefonverbindung zum nächsten Einwahlknoten. Großstadtbewohner sind in diesem Punkt gegenüber den Bewohnern kleinerer Orte oft im Vorteil. Sie können den nächstgelegenen Einwahlknoten eines Online-Dienstes zum Ortstarif erreichen, der von anderswo vielleicht nur zum Regionaltarif erreichbar ist.

Das Internet selbst ist über weite Strecken frei (und nur von solchen freien und frei zugänglichen Bereichen handelt dieses Buch). Die Software, die für die Bewegung im Internet, für das Herunterladen von Dateien (Texten, Bildern, Programmen, auch von Tönen und Videosequenzen) und für das Versenden von elektronischer Post nötig ist, wird von den Anbietern in der Regel kostenlos und zusammen mit einem zeitlich begrenzten Probe-Zugang geliefert. Die Kündigungsfristen sind kurz, kaum länger als einen Monat. Es ist also durchaus möglich, verschiedene Online-Dienste auszuprobieren und sich dann aus eigener Erfahrung und Anschauung für diesen oder jenen zu entscheiden.

T-Online

Der Online-Dienst der deutschen Telekom bietet als einziger seinen Internet-Zugang überall zum Ortstarif. Allerdings scheint dieser Zugang trotz des in die Software von T-Online integrierten »Netscape-Navigators« vergleichsweise langsam zu sein. Der Service von T-Online ist obendrein mager und das eigene Programmangebot stark kommerziell orientiert.

- Kosten: Grundgebühr 8 DM im Monat, jede Online-Stunde 3,60 DM (werktags von 8 bis 18 Uhr) bzw. 1,20 DM (an Wochenenden, Feiertagen und werktags von 18 bis 8 Uhr), keine Freistunden. Für die Verbindung zum Internet werden zusätzlich pro Minute 5 Pfennig, also 3 DM in der Stunde, berechnet.
- Adresse: Deutsche Telekom,
  Auftragsservice T-Online,
  26119 Oldenburg
  Tel. 0130/50 00
  FAX 0130/50 30

CompuServe

Dieser amerikanische Online-Dienst verfügt über verhältnismäßig wenige Einwahlknoten in deutschen Großstädten. Er bietet ein vielfältiges, vor allem englischsprachiges eigenes Programm, darunter ein vielseitiges Literaturforum und das Foreign Languages Forum (mit einem Schwarzen Brett für den Austausch zwischen Übersetzern!). Zahlreiche CompuServe-Foren bieten Rat und Hilfe bei technischen Problemen mit Rechnern und Programmen oder mit dem Internet. Der Internet-Zugang über den Mosaic-Browser ist nicht sonderlich schnell.

- Kosten: Monatliche Grundgebühr 9,95 $ (ca. 15 DM), darin enthalten 5 Online-Freistunden, jede weitere Stunde 2,95 $. Keine zusätzlichen Kosten für das Internet. Heftige Nutzer können den »Super Value-Preisplan« wählen: Für 24,95 $ (ca. 37,50 DM) gibt es 20 Freistunden, und jede weitere Stunde kostet dann 1,95 $.
- Adresse: CompuServe GmbH
  Postfach 1169
  82001 Unterhaching
  Telefon für Deutschland:
  Info – 0130/3732 Hilfe – 0130/864643
  für Österreich:
  Info – 0660/5056 Hilfe – 0660/8750
  für die Schweiz:
  Info – 155/7286 Hilfe 155/3179

AOL – America Online/Bertelsmann

Seit Ende 1995 aktiver Online-Dienst, der von Anfang an mit einer größeren Zahl von Einwahlknoten, 51 in Deutschland, begonnen hat, als CompuServe sie bietet, und obendrein mit dem unter den Online-Diensten derzeit offenbar schnellsten Internet-Zugang und einem guten Service aufwartet.

- Kosten: Grundgebühr 9,90 DM monatlich, darin enthalten 2 freie Stunden, jede weitere Stunde 6 DM, keine zusätzlichen Kosten für das Internet.
- Adresse: AOL Mitgliederbetreuung
  66263 Heusweiler
  Tel. 0180/5 31 31 64
  FAX 0180/5 31 31 68
  AOL-Adresse: Interesse@aol.com
  Internet: http://www.germany.aol.com

Europe Online

Hat im Frühjahr 1996 mit 135 Einwahlknoten in Deutschland begonnen, ist also für die meisten potentiellen Nutzer zum Ortstarif und für fast alle zum Regionaltarif zugänglich.

- Kosten: Grundgebühr 7,00 DM monatlich, darin enthalten 2 freie Stunden, jede weitere Minute kostet 7 Pfennig, die Stunde also 4,20 DM.
- Adresse: Europe Online
  Postfach 810 164
  81901 München
  Tel. 0130/82 32 50
  FAX 089/92 097 101
  Internet: http://www.EuropeOnline.com

MSN – Microsoft Network

Bietet nach anfänglichen Startschwierigkeiten seit Juni 1996 ebenfalls vollen Internet-Zugang.

- Kosten: Standardtarif 12,00 DM monatlich, darin enthalten 2 freie Stunden, jede weitere Stunde

6,00 DM oder Pauschaltarif von 49,00 DM monatlich ohne zeitliche Begrenzung. Jahresabonnement zu den Bedingungen des Standardtarifs (2 Freistunden monatl.) 119,00 DM, zu den Bedingungen des Pauschaltarifs (zeitlich unbegrenzte Nutzung) 499,00 DM.

- Adresse: Microsoft Network. Edisonstr. 1
  85716 Unterschleißheim
  Tel. Info 0130/814479 Hilfe 0130/827032

Zugang zum Internet bieten in Deutschland auch zwei eingetragene Vereine:

Inidividual Network e.V.

Scheideweg 65, 26121 Oldenburg
Tel. 0441/98 08 556, FAX 0441/98 05 557
E-Mail: in-info@individual.net

Sub-Netz e.V.

Postfach 6564, 76045 Karlsruhe
Tel. 0721/69 94 78, FAX 0721/66 19 37
E-Mail: info@subnet.sub.net

sowie eine Anzahl von kommerziellen Anbietern, von denen ich hier nur einige nennen möchte:

Contrib.Net

Knaackstr. 96, 10435 Berlin
Tel. 030/25 30 12 00, FAX 030/25 15 60 3
E-Mail: tcpip@contrib.Net
Internet: http://www.contrib.net

Eunet Deutschland GmbH

Emil-Figge-Str. 80, 44227 Dortmund
Tel. 0231/972-00, FAX 0231/972-1122
E-Mail: info@Germany.Eu.net
Internet: http://www.germany.eu.net

MAZ GmbH

Harburger Schloßstr. 6-12, 21079 Hamburg
Tel. 040/766 291 632, FAX 040/766 291 99
E-Mail: info@maz.net
Internet: http://www.maz.net

Nacamar GmbH

Kirchweg 22, 63303 Dreieich
Tel. 06103/969-0, FAX 06103/969-127
E-Mail: info@nacamar.de
Internet: http://www.nacamar

In Österreich bieten Zugang zum Internet unter anderem:

PING EDV Dienstleistungen GmbH

Thurngasse 8/3, 1090 Wien
Tel. 319 43 36, FAX 310 69 27

DATAKOM

A-Online Service Center
Postfach 102, 1103 Wien
Tel. 0660/1300

Nicht alle diese Dienste bieten Zugang zu allen Internet-Sphären. Manche beschränken auch den Zugang für Privatpersonen auf die Feierabendzeit und das Wochenende. Angaben über die unterschiedlichen und in diesen Zeiten einer harten Konkurrenz um Online-Kundschaft sehr wechselhaften Abrechnungsmodalitäten, Tarife und Leistungen würden den Rahmen dieses Buches sprengen. Sie lassen sich bei den einzelnen Providern erfragen oder den aufs Vergleichen und Testen geradezu versessenen Fachzeitschriften entnehmen.

Die Sphären des Internet

Das Internet besteht aus verschiedenen Bereichen. Sie unterscheiden sich nach den Konzepten oder »Protokollen« für die Datenübertragung, die in ihnen gebräuchlich sind. Der erste Teil der Adresse eines Internet-Platzes, benennt das Protokoll, mit dem dieser Platz erreichbar ist, und damit die Sphäre, in der er liegt. Alle diese Sphären, mit Ausnahme von »Telnet« (siehe unten), sind mit den üblichen Programmen (Browsern) zur Bewegung im Internet erreichbar:

http://	– Hypertext Transfer Protocol (World Wide Web)
gopher://	– Gopher-Space
telnet://	– Telnet
ftp://	– File Transfer Protocol
news:	– Usenet, der Raum der Newsgroups

Das World Wide Web

ist die jüngste, am raschesten wachsende Sphäre des Internet – und diejenige, die das Internet populär und für all jene, die in Fragen der Datenfernübertragung nicht versiert sind, überhaupt erst zugänglich gemacht hat. Technische Spezialkenntnisse und komplexe Befehlscodes sind für die Bewegung im World Wide Web nicht erforderlich. Wer mit einem Personal Computer umzugehen weiß, wird auch im Web zurechtkommen. Die HTML-Sprache (Hypertext Markup Language), in der die WWW-Dokumente geschrieben werden, erlaubt die Integration von Grafik, von Bildern, von Audio- und Videosequenzen, und stellt mit den sogenannten Hyperlinks ein nützliches, schnelles Mittel für die Bewegung nicht nur innerhalb von Dokumenten, sondern vor allem auch zwischen verschiedenen Dokumenten zur Verfügung, die an ganz unterschiedlichen Plätzen, auf unterschiedlichen Rechnern in verschiedenen Weltteilen gespeichert sein können.

Die meisten Seiten im World Wide Web weisen solche Hyperlink-Verbindungen zu anderen Seiten auf, die sich mit ähnlichen oder verwandten Themen beschäftigen. Deshalb sind die meisten Plätze im Netz nicht nur mit Texten und Bildern mehr oder minder reich gefüllte Speicher und Magazine, sondern zugleich auch Knotenpunkte, über die sich anderswo lagerndes Material erreichen läßt.

Hyperlinks lassen sich durch einen Mausklick auf meist farblich hervorgehobene Wörter in Listen oder im laufenden Text unmittelbar aktivieren. Sie sind die Voraussetzung für jene Spielart von Internet-Zappen, die gemeinhin als Surfen bezeichnet wird. Hyperlinks garantieren kurze Wege und schnelle Verbindungen, bilden aber eben auch die Weggabelungen und Kreuzwege in einem extrem weitgespannten Geflecht von Verweisen, das dem Besucher leicht zum Labyrinth werden kann. Die Programme, die die Bewegung im World Wide Web koordinieren, die Browser, verfügen jedoch über die Möglichkeit des geordneten Rückzugs Schritt für Schritt oder des direkten Rücksprungs zum Ausgangs- oder Startpunkt, zum »Home«. Von den Mitteln und Werkzeugen, die das Suchen und Finden und überhaupt die Orientierung im World Wide Web erleichtern, handelt das erste Kapitel des Hauptteils.

Gopher

gofer = *Laufbursche*
gopher = *Taschenratte*
Gopher = *Spitzname für einen Bewohner von Minnesota*
gopher wood = *das Holz, aus dem Noah seine Arche baute*

Gopher-Archive im Internet sind oft sehr große Sammlungen vor allem von Text-, aber auch von Bild-, Ton- und Programmdateien, die in Menus und Untermenus, also in Auswahllisten, hierarchisch gegliedert sind, ähnlich wie Dateien auf einer Festplatte in Ordnern oder Verzeichnissen und Unterverzeichnissen. Die Übersichtlichkeit der Anordnung wird allerdings manchmal durch die Kürze der Bezeichnungen beeinträchtigt. Auch daß Autoren in alphabetischen Listen unter ihrem Vornamen eingeordnet werden, weil dieser im Titel eines Dokuments vorne steht, ist keine Seltenheit. Die Bewegung in der »Gopher-Sphäre« geht oft zügiger vonstatten als im World Wide Web, weil Bild- und Grafikelemente an der Oberfläche kaum vorkommen. Der Gopher-Space ist mit einem gewöhnlichen Web-Browser ohne Zusatzprogramme erreichbar. Das autoritative Suchwerkzeug hört auf den Namen

Veronica

(**V**ery **E**asy **R**odent-**O**riented **N**et-wide **I**ndex to **C**omputerized **A**rchives). »Veronica« sucht »rodent-oriented«

(nagetierartig? wühlmausartig?) nach Stichwörtern in Dokumententiteln, nicht nach Textteilen in den Dokumenten selbst, und listet die gefundenen Titel abrufbar auf. Erreichbar ist Veronica unter verschiedenen Adressen, z.B. unter:
gopher://veronica.scs.unr.edu:70/11/veronica
Einen guten Überblick über die Fülle von Material und die Vielfalt der Themen im Gopher-Raum bietet die sehr umfangreiche, »moderierte« Zusammenstellung erprobter Plätze unter dem Stichwort:

Gopher-Jewels
Unter den weiterführenden Stichwörtern finden sich hier neben vielen anderen: Arts & Humanities / Books, Journals, Magazines, Newsletters and Publications / History / Journalism / Language / List of Lists Resources / Miscellaneous Items / Museums, Exhibits and Special Collections / News Related Services / Radio and TV Broadcasting / Religion & Philosophy.
http://galaxy.einet.net/GJ/index.html

Telnet

Das Telnet gehört zu den älteren Internet-Schichten und gilt als Sphäre für Spezialisten. Daher ist es (anders als FTP, Gopher und das Usenet mit den Newsgroups) nicht in die Browser der Online-Dienste integriert und läßt sich nur mit (allerdings unschwer zu installierenden) Zusatzprogrammen nutzen.

Über Telnet kann man sich in einen fremden Rechner einwählen (log in) und ihn vom eigenen Rechner in gewissem Umfang steuern und zur Erfüllung bestimmter Aufgaben bringen. Für Leute, die nach Büchern oder bibliographischen Angaben suchen, ist das Telnet wichtig, weil sich mit ihm Verbindung zu einer ganzen Reihe von online durchsuchbaren Bibliothekskatalogen, sogenannten OPACS (Online Public Access Catalogues), aufnehmen läßt.

Wer Telnet benutzen will, muß seinen Browser durch ein Zusatzprogramm ergänzen, für Windows z.B. »Ewan«. Solche Telnet-Programme lassen sich – von den Verbindungsgebühren abgesehen – kostenlos aus den Software-Bibliotheken der Online-Dienste (oder auch aus der FTP-Sphäre, siehe unten: man suche mit Hilfe von »Archie« nach »Ewan«) herunterladen. Zu beachten sind die Hinweise zur Installation, die für die verschiedenen Browser und die verschiedenen Dienste unterschiedlich sein können.

Der Umgang mit dem Telnet ist etwas komplizierter und weniger »intuitiv« als die Bewegung im Gopher-Raum oder im World Wide Web. Grafik gibt es nicht. Die Maus richtet nichts aus. Alle Eingaben erfolgen über die Tastatur. Auch frei zugängliche Telnet-Zugänge fordern vom Benutzer beim Einwählen die Eingabe eines »Login« oder Paßwortes, das aber freundlicherweise vorab mitgeteilt wird. Man mache sich allerdings darauf gefaßt, daß diese Mitteilung und alle folgenden Meldungen des fremden Rechners möglicherweise nicht in Englisch, sondern in der Sprache des Landes erfolgen, in dem der Rechner steht. Ohne Kenntnisse des Litauischen gestaltet sich eine Verbindung mit der Universitätsbibliothek in Vilnius daher schwierig. Und wer in Kenntnis des Französischen die Bibliothèque Nationale in Paris anwählt, sollte sich darauf besinnen, daß das französische Computervokabular anders als das deutsche fast ohne Anglizismen auskommt (return = envoi).

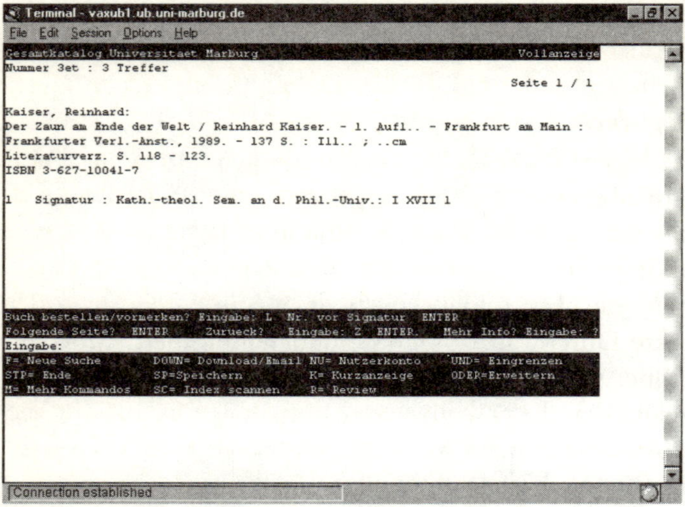

Mit Telnet im Katalog der Universitätsbibliothek Marburg: Der Zaun am Ende der Welt

Die Benutzerführung geschieht vielfach über Auswahlmenüs. Die Befehlscodes unterscheiden sich von Katalog zu Katalog. Die wichtigsten Befehle (Hilfe, Exit usw.) werden meist zu Beginn einer Sitzung mitgeteilt und sind im weiteren Verlauf entweder ständig eingeblendet oder können aufgerufen werden. Telnet-Verbindungen sind ziemlich langsam, aber mit ein wenig Übung durchaus ergiebig. Man verliere nicht die Ruhe, wenn die Zeichen erst ein paar Sekunden nach der Eingabe auf dem Bildschirm erscheinen und die Ausführung des Befehls einige weitere Sekunden in Anspruch nimmt. Jede Eingabe ist mit Return abzuschließen. Die Suche im Katalog geht dann in der Regel zügig vonstatten. Ihr Erfolg hängt natürlich davon ab, wie weit die verschiedenen Bibliotheken mit der Digitalisierung ihrer Verzeichnisse vorangeschritten sind. Die Vatikanische Bibliothek scheint den Vorreiter zu machen. Sie ist bereits in die Zeit der Inkunabeln vorgedrungen!

Das autoritative Suchwerkzeug für die Telnet-Sphäre ist:

Hytelnet
Es logiert unter einer gewöhnlichen World Wide Web-Adresse, enthält einen nach Kontinenten und Ländern gegliederten Katalog von Bibliotheken und eine Liste anderer Plätze (Archive, Datenbanken und Organisationen), die über Telnet erreichbar sind, und erlaubt die direkte Durchwahl zu den gefundenen Telnet-Adressen. Dabei wird zunächst eine hilfreiche Kennkarte angezeigt, die die Zugangsvoraussetzungen (Login, Paßwort, Gastname) für den ausgewählten Platz nennt und angibt, wo nach Abschluß der Telnet-Sitzung der reguläre Ausgang zu finden ist.
http://www.nova.edu/Inter-Links/hytelnet.html

FTP – (File Transfer Protocol)

FTP ist ein älteres, vor Gopher und WWW entwickeltes, aber immer noch gebräuchliches System zur Übertragung von Text-, Bild-, Ton- oder Programmdateien zwischen Rechnern an verschiedenen Standorten. Viele dieser Rechner sind allgemein zugänglich – daher »anonymous FTP«. Eine Anmeldung ist erforderlich, aber das Paßwort wird beim Anwählen eines FTP-Rechners von diesem bekanntgegeben. FTP-Rechner sollten von »anonymen« Nutzern während der Spitzenlastzeiten (zwischen 8 und 20 Uhr Ortszeit) nicht zusätzlich belastet werden. Die Zugänge, die sie in begrenzter Zahl bieten, sind dann ohnehin meistens belegt. Eine Liste aller öffentlich zugänglichen FTP-Bereiche ist erhältlich unter der Adresse:
ftp://rtfm.mit.edu/pub/usenet-by-group/news.answers/ftp-list

Ein wichtiges Suchwerkzeug für FTP-Archive heißt »Archie«. Es gehört allerdings in seiner »rohen« Form zu jenen Instrumenten, die erst unter den Händen von Eingeweihten und Spezialisten ihre Fähigkeiten unter Beweis stellen. Archie ist über Telnet erreichbar und steht nach der Eingabe von *archie* als Login für das Fahnden nach Programmen und Dateien zur Verfügung. Ein deutscher Archie-Server wird an der technischen Hochschule Darmstadt betrieben:

telnet://archie.th-darmstadt.de

Wer sich kundig machen will, kann nach dem Anmelden an der Eingabeaufforderung den Befehl *manpage* eingeben und erhält daraufhin im Download das Handbuch mit ausführlichen Erläuterungen zu den einzelnen Archie-Befehlen.

Den Aufwand an komplexer Befehlssyntax beim Umgang mit diesem Suchwerkzeug ersparen die Verbindungen, die aus dem World Wide Web zu Archie führen: Sie bieten ein Formular für die Suche, übermitteln die Anfrage an Archie und wandeln dessen Antwort in ein Web-Dokument um, von dem aus sich per Mausklick die Verbindung zu den FTP-Archiven und den gesuchten Dateien herstellen läßt. Einen solchen Zugang zu Archie aus dem World Wide Web bietet z.B. der Rechner der Technischen Hochschule Aachen:

http://www.informatik.rwth-aachen.de/archie.html

Eine Liste von deutschen WWW-Zugängen zu Archie ist erreichbar unter der Adresse:

http://www.ask.uni-karlsruhe.de/asksina/sina2.html

Amerikanische FTP-Server, nach Themengebieten gegliedert, sind verzeichnet unter:

http://darkwing.uoregon.edu/~joe/best-ftp-sites.html

Alle bekannten FTP-Server faßt die folgende Liste zusammen:

http://hoohoo.ncsa.uiuc.edu/ftp-interface.html

Usenet und Newsgroups

Wer die schöne Welt der grenzenlosen Kommunikation zwischen jedem und allen im Internet erkunden will, der sollte sich (angetan mit einer dicken Haut gegen Belanglosigkeit) in die Sphäre der Newsgroups begeben. Solche Gruppen gibt es zu vielen Themen – Treffpunkte, an denen sich die Besucher über den Gegenstand ihres gemeinsamen Interesses austauschen können, über die Fantastischen Vier oder Helge Schneider oder Katzen allgemein – auch über Bücher, Literatur, einzelne (Kult-)Autoren, das Selberschreiben und das Selberpublizieren.

Newsgroups sind Foren, die wie Schwarze Bretter funktionieren: per E-Mail kann man dort längere oder kürzere Mitteilungen deponieren, kann die vorhandenen Mitteilungen und Texte lesen, kann darauf eingehen, kann gestellte Fragen, zu denen einem etwas einfällt, beantworten und kann selbst Fragen stellen, und die Chance, eine brauchbare Antwort zu erhalten, ist recht groß. Den gesammelten Fundus von Findigkeit und Allgemeinbildung einer größeren Zahl auskunftsfreudiger Zeitgenossen sollte man nicht unterschätzen – und in den Newsgroups (ebenso wie in den themenbezogenen Foren von Online-Diensten wie Compuserve oder AOL) läßt er sich auf vergleichsweise wenig umständliche Weise zu Hilfe rufen.

So nützlich und erfreulich dies ist, so leicht mündet das Ganze in gnadenlosem Gefasel. In der Charles

Bukowski gewidmeten Newsgroup *(alt.books.bukowski)* erkundigt sich jemand danach, wo der Meister eigentlich begraben liege, und erhält auch eine (vermutlich zutreffende) Antwort: Green Hills Memorial Park in Palos Verdes bei Los Angeles – worauf der nächste Leser dieser Mitteilung sich bemüßigt fühlt, der Welt mitzuteilen, auch er wolle demnächst diesen Ort besuchen, aber nicht ohne seine Flasche, und zwar werde er diese Flasche zunächst einmal auf das Grab von C.B. stellen und erst nachher leeren – was C.B., so mutmaßt der späte Trauergast, gewiß gefallen hätte. Es scheint eine Menge Leute zu geben, denen das Internet nicht zuletzt wegen solcher Spontanergießungen lieb und teuer ist. Mir scheint allerdings, im Usenet türmen sich die Heu- und Strohhaufen noch höher als in anderen Internet-Bezirken. Tiefen Eindruck machte auf mich in dieser Stufenlandschaft aus Erstaunlichem und Belanglosem, Naivität und Witz, Kompetenz und Überhebung, Eitelkeit und Engagement die englischsprachige Lyrik-Newsgroup *(rec.arts.poems),* die allein für den Zeitraum vom 28. Februar bis zum 11. März 1996 mehr als fünftausend Einsendungen verzeichnete und damit einen drastischen Beleg für die Behauptung eines gewissen Andreas Thalmayr lieferte, daß die Lyrik ein Massenmedium sei, sofern man sie an der Zahl ihrer Produzenten messe.

Auch wenn ich mich nicht recht berufen fühlte, die Sphäre der Newsgroups im Netz ausgiebig zu erkunden, möchte ich (mit noch weniger Anspruch auf Vollständigkeit als anderswo in diesem Buch) die Adressen einiger Newsgroups zu Themen aus der Bücher-, Schreiber- und Netzwelt nennen. Soll jeder Beherzte selbst das Wundern oder Fürchten lernen und einen Nutzen oder Spaß entdecken, der sich mir nur gelegentlich erschließen wollte.

Lutz Donnerhacke hat das Wort
»Erst wenn der letzte FTP-Server kostenpflichtig, der letzte GNU-Sourcecode verkauft, der letzte Algorithmus patentiert, der letzte Netzknoten kommerzialisiert, die letzte Newsgroup moderiert wird, werdet Ihr merken, dass man mit Geld allein nicht programmieren kann.«
http://www.leo.org/~junga/links.html

Hinweis: Bei manchen Browsern, z.B. Spry Mosaic von Compuserve, muß den hier angegebenen Adressen noch »news:« vorangestellt werden (also z. B. *news:de.alt.buecher* – wie immer ohne Leerzeichen!), bei anderen, z.B. dem integrierten Internet-Browser von AOL, der über einen speziellen Newsgroup-Reader verfügt, nicht.

Deutsche Newsgroups

de.alt.buecher
Unterhaltungen über unterhaltsame Bücher, Fragen, Empfehlungen, Kritiken, Hinweise auf andere literarische Plätze im Netz
de.alt.geschichten
Selbstgeschriebenes, Selbstpubliziertes
de.rec.sf.misc
Science Fiction-Literatur
de.soc.kultur
Kultur, Veranstaltungen
de.soc.netzwesen
Netzkultur, Zensur
de.newusers
de.newusers.questions
Neulinge im Netz fragen, Experten antworten

»Mir hat Lem mal
eine klasse Frau ins Bett gebracht. Ich hatte ihr »Solaris« geschenkt und sie war so angetan von dem Buch, dass sie sich auf eine sehr nette Art dafür bedankte. :-)

Dabei hatte sie vorher noch nie SF gelesen und diese Literaturgattung grundsätzlich als »Schund« abgetan. Sie war sowohl von Lem als auch von mir angenehm überrascht (NEIN, nicht von meinen Qualitäten als Liebhaber – darüber gebe ich keine Auskunft :-)

– , sondern daß ich so »anspruchsvolle« Literatur bevorzuge).

Seither mag ich Lem noch mehr. :-)«

Aus einem Mail (Januar 1996) in der deutschsprachigen Science-Fiction-Newsgroup
news:de.rec.sf.misc

Englischsprachige Newsgroups

Zu einzelnen Autoren:
alt.books.anne-rice
alt.books.isaac-asimov
alt.books.bukowski
alt.books.h-g-wells
alt.books.stephen-king
alt.books.pynchon
rec.arts.books.tolkien
alt.books.kurt-vonnegut

Andere Themen:
alt.books.beatgeneration
alt.books.reviews
alt.censorship
alt.etext

rec.arts.books
rec.arts.books.hist-fiction
rec.arts.mystery
rec.arts.poems
rec.arts.prose
rec.arts.sf.misc
rec.arts.theatre.plays

Das FAQ-Archiv der Newsgroups
enthält die Frage- und Antwortkataloge (FAQ = Frequently Asked Questions) von rund 1400 Newsgroups mit Informationen über die Themen, die in der jeweiligen Gruppe behandelt werden, mit Hinweisen darauf, wie Beiträge beschaffen sein können/sollen, mit einschlägigen E-Mail-Adressen und manchem mehr. Dieser Katalog wird an mehreren Stellen im Netz bereitgehalten, auch auf dem FTP-Server der Universität Paderborn:

ftp://ftp.uni-paderborn.de/doc/FAQ

Hilfe bei der Suche nach Namen und Stichwörtern in den Archiven der Newsgroups bieten auch einige WWW-Suchwerkzeuge, namentlich »Yahoo« (S. 57) und »Altavista« (S. 59).

Fünfzehn Vorschläge für das Vorwärtsgehen im Netz

1. Wer seinen Besuch im Internet vorher ein wenig plant, kann nachher immer noch vom Weg abweichen, wenn ihm danach ist. Oft ist es ratsam, sich die umständlich langen Anschriften der Plätze vorab zu notieren, die man in jedem Fall ansteuern will. Aus einem im Hintergrund mitlaufenden Schreibprogramm lassen sich die Adressen über die Zwischenablage in das Adressenfeld des Browsers kopieren. Bei einer Recherche kann es nützlich sein, vorher geeignete Suchbegriffe, Namen, Stichworte festzuhalten, die dann mit verschiedenen »Suchwerkzeugen« abgearbeitet werden. Ein griffbereit liegendes Englischwörterbuch hilft, Gedächtnislücken zu überbrücken.

2. Sorgfalt beim Eintippen der Internet-Adressen ist dringend geboten. *Ein* falscher Buchstabe – und schon kommt eine Fehlermeldung. Keine Leerzeichen, Groß- und Kleinschreibung beachten, der Bindestrich in Mittellage »-« und der tiefgelegte »_« (Unterstreichung), das O und die 0 sind wohlunterschieden usw.

3. Mit einem im Hintergrund laufenden Schreibprogramm lassen sich auch während eines Internet-Besuchs Notizen festhalten: neue Adressen oder die Namen heruntergeladener Dateien. Mir haben allerdings ein Stift und ein bereitliegendes Notizheft oft noch bessere Dienste geleistet. In der Regel bieten die Browser auch die Möglichkeit, interessante Adressen in einer speziellen »Hotlist« oder als »Bookmarks« bzw. »Lesezeichen« zu speichern, so daß sie später ohne umständliches Neueingeben wieder aufgerufen werden können.

4. Lesen bedarf auch am Bildschirm der Muße, die allerdings gerade bei einem Internet-Besuch leicht in nervöse Hast umschlagen kann, wenn der innere Tele-

fon- und Gebührenzähler zu laut tickt. Mir hat es geholfen, für verschiedene Tages- und Telefontarifzeiten einmal auszurechen, was eine Online-Stunde kostet, diesen Preis mit dem einer Kinokarte oder eines U-Bahn-Fahrscheins zu vergleichen und mich mit ihm – abzufinden.

5. Lange Dokumente indessen und solche, die man gründlich studieren will, sollte man auf die Festplatte herunterladen und offline, also nach dem Abschalten der Verbindung zum Internet, lesen. Und nachher sollte man nicht vergessen, zu entscheiden, ob das gelesene Dokument wirklich auf Dauer gespeichert oder wieder gelöscht werden soll. Soll es erhalten bleiben, tut man gut daran, ihm einen aussagekräftigen, wiedererkennbaren Dateinamen zu geben, es vielleicht auch in eine Art von Katalog einzutragen. Download-Archive verwandeln sich noch rascher als andere »Ordner« auf der Festplatte in Rumpelkammern, wenn man in ihnen nicht fortwährend aufräumt.

6. Größere Dateien, etwa solche, die aus Online-Textarchiven heruntergeladen werden können, sind zur rascheren Datenübertragung oft »komprimiert« oder »gepackt«. Für eine adäquate Darstellung am Bildschirm, für die Lektüre oder einen Ausdruck müssen solche Dateien (erkennbar an Endungen wie .zip, .z, .gz) zunächst entpackt oder dekomprimiert werden. Hinweise auf die hierfür erforderlichen, je nach Verpackungsart unterschiedlichen Programme finden sich oft in der Umgebung der komprimierten Dateien, etwa in einem »Readme-Text«. Diese Programme lassen sich kostenlos aus FTP-Archiven oder aus den Softwarearchiven der Online-Dienste herunterladen (z.B. GZIP für Dateien in den Formaten -.z und -.gz oder PKUNZIP für Dateien im Format -.zip). Ein für viele Formate geeignetes Entpackungswerkzeug ist das

Windows-Sharewareprogramm WINZIP. Nähere Informationen zu diesem Programm und die Möglichkeit zum Download finden sich unter der Adresse
http://www.winzip.com

7. Die Geschwindigkeit, mit der im Internet Verbindungen aufgebaut und Daten übertragen werden, kann aus vielerlei Gründen erheblich schwanken. Sie kann z.B. von der Leistungsfähigkeit des Servers, d.h. des Rechners, von dem die Daten übersandt werden, abhängig sein, oder von der je nach Tageszeit wechselnden Belastung der Übertragungsleitungen und der Rechner des Providers oder des Online-Dienstes. Bevor die Verzweiflung ob des Datengetröpfels überhandnimmt, sollte man zumal bei umfangreichen Dateien die Übertragung lieber abbrechen und zu einem späteren Zeitpunkt einen neuen Versuch starten.

8. Auch kleine Bilder bestehen aus sehr vielen Bytes. Entsprechend lang dauert ihre Übertragung. Wer auf grafisches Drumherum verzichten will, kommt oft schneller voran, wenn er im Browser die Bildübertragung ausschaltet. Falls im Laufe einer Sitzung wirklich ein Bild gewünscht wird, läßt sich die Bildübertragung jederzeit wieder einschalten.

9. Heruntergeladene und gespeicherte Texte lassen sich offline am einfachsten mit Hilfe des Browsers lesen. In ein Schreibprogramm kann man sie kopieren, wenn man sich das in HTML (Hypertext Markup Language) geschriebene Dokument vom Browser im »Source-Code« anzeigen läßt.

10. Die Hyperlinks in Web-Seiten, die man gespeichert hat, lassen sich »reaktivieren« und erneut zum »Durchwählen« nutzen, wenn man während einer späteren Online-Sitzung eine solche Seite von der Festplatte auf den Bildschirm holt. Die Hyperlink-Listen, mit denen die großen Suchwerkzeuge Anfragen beantwor-

ten, oder auch andere Web-Seiten mit Katalogen von Bibliotheken, Museen oder Plätzen, die Autoren gewidmet sind, können auf diese Weise zu immer wieder nutzbaren Adreßbüchern werden.

11. Beim Festhalten von HTML-Seiten auf der eigenen Festplatte werden eventuell enthaltene Bilder und Grafiken nicht mitgespeichert. Es gibt jedoch, zumindest unter Windows, eine primitive, aber praktikable Möglichkeit, auch solche Bilder festzuhalten. Mit der Taste »Druck« (neben F12) läßt sich ein »Foto« des aktuellen Bildschirms in die Zwischenablage und von dort in ein Grafikprogramm (z.B. »Paint« im Windows-Zubehör) kopieren, wo es dann bearbeitet und gespeichert werden kann.

12. Diesen Trick braucht man beim Download von echten Bilddateien natürlich nicht anzuwenden. Zum Betrachten solcher Dateien wird hingegen ein sogenannter »Viewer« benötigt – ein Zusatzprogramm, das die übertragenen binären Daten in Optik umsetzt. Viewer sind oft in die Browser schon integriert. Wenn nicht, lassen sie sich nachträglich leicht ergänzen. Sie starten automatisch, sobald eine Bilddatei (erkennbar an Endungen wie .GIF oder .JPG) geladen wird. Ähnlich verhält es sich mit Tondokumenten, die man als Audiodateien aus dem Internet herunterladen und dann mit Hilfe von sogenannten »Playern« hörbar machen kann – natürlich nur, wenn der eigene Computer über eine Soundkarte samt Lautsprecher oder Kopfhörer verfügt.)

13. Zur Lektüre einiger der in diesem Buch genannten Online-Ausgaben von Tageszeitungen, z.B. »Libération«, »Le Monde«, »New York Times« (die im pdf-Format übermittelt werden), benötigt man einen zusätzlichen Viewer, den »Adobe Acrobat«, der auf dem Bildschirm die Darstellung kompletter Zeitungsseiten mit

Überschriften und Abbildungen zuwege bringt, die sich vergrößern, verkleinern, verschieben und blättern lassen. Der »Adobe Acrobat« läßt sich an vielen Stellen, z.B. auf der Leitseite der »New York Times/FAX« (siehe S. 161), kostenlos herunterladen.

14. Auch wenn der eigene Online-Dienst einen Browser bereitstellt – es lohnt, den Netscape Navigator zu installieren, ohne den sich inzwischen viele Web-Seiten nicht mehr adäquat darstellen lassen. Netscape kann man parallel zu den von den Online-Diensten angebotenen Browsern installieren und verwenden. Die verschiedenen Internet-Foren der Online-Dienste bieten hierzu die nötigen Informationen.

15. Was tun, wenn über eine Adresse keine Verbindung zu dem angewählten Platz herzustellen ist? (1.) Man überprüfe die Richtigkeit der Schreibung. Hier schleichen sich leicht Fehler ein, und noch der kleinste wird bestraft. Wie oben schon gesagt: keine Leerzeichen, Klein- und Großschreibung sind zu unterscheiden, ebenso Bindestrich in Mittellage und tiefgelegter Unterstreichungsstrich, Punkte, Tilden und Schrägstriche. (2.) Nach dem ersten gescheiterten Versuch sollte man nicht aufgeben, sondern etwas Zeit verstreichen lassen und noch einmal wählen. (3.) Erweist sich jedoch, daß ein Platz permanent nicht erreichbar ist, hilft es gelegentlich, eine Adresse von ihrem Ende her Element für Element zu kürzen und nach jeder Kürzung versuchsweise anzuwählen. Mehr als daß man erneut ins Leere läuft, kann nicht geschehen. Eventuell landet man aber auch auf einer übergeordneten Ebene des angewählten Rechners und findet Auskunft über eventuelle Veränderungen im Datenbestand. (4.) Außerdem läßt sich mit Hilfe der Internet-Suchwerkzeuge nach dem Themenkomplex suchen, dem der Platz gewidmet ist, und auf diese Weise die neue Adresse ermitteln. Mit

»Alta Vista« kann man auch nach einzelnen Bestandteilen einer Internet-Adresse fahnden. Die Eingabe von *url:de;orakel* fördert alle Internetadressen zutage, in denen »de« und »orakel« vorkommt. Da bei »Umzügen« einzelner Seiten von einem Großrechner auf einen anderen oft die Dateibezeichnungen erhalten bleiben, führt diese Methode nicht selten zum Erfolg.

SEX

»Software EXchange. Ein Verfahren, das die blaugrünen Algen vor Hunderten von Millionen Jahren erfanden, um ihre Evolution, die bis dahin schrecklich langsam vonstatten ging, zu beschleunigen. Heute sind SEX-Partys bei Hackern und anderen beliebt (und beschränken sich natürlich nicht mehr auf den Austausch von genetischer Software). Im allgemeinen sind SEX-Partys eine → Gute Sache, ungeschützter SEX kann jedoch zur Verbreitung von → Viren führen.« The Jargon File 3.0.0.

http://www.phil.uni-sb.de/fun/jargon/index.html

Der folgende Katalog der literarischen Plätze im Internet ist nicht vollständig und kann nicht vollständig sein. Grenzen bei der Erkundung des Internet setzen naturgemäß schon die eigenen Fremdsprachenkenntnisse. Die meinen erstrecken sich im wesentlichen auf das Englische und das Französische. In diesem Rahmen habe ich versucht, die wichtigsten Seiten, jene, die sich als Ausgangspunkt zu abwechslungsreichen literarischen Spaziergängen eignen, möglichst vollzählig zu verzeichnen. Trotzdem wird mir die eine oder andere entgangen sein, und neue werden bald hinzukommen. Jenseits dieser zentralen Knotenpunkte habe ich Plätze ausgewählt, von denen ich annehme, daß es anderen Lesern mit ihnen ähnlich ergehen könnte, wie es mir ergangen ist, Plätze, die mir nützlich, gelungen oder bemerkenswert erschienen, die mich neugierig gemacht, beeindruckt oder belustigt haben, oder Plätze, die mir exemplarisch erschienen, weil sich an ihnen diese oder jene Möglichkeit wenn auch vielleicht nicht entfaltet, so doch immerhin andeutet.

Wege, Plätze, Lichtungen

1. Wegweiser

In diesem Kapitel finden sich zunächst Hinweise auf einige der großen, das ganze Netz in der Vielfalt seiner Themen und Aspekte erschließenden Suchmaschinen, sodann die Adressen von Verzeichnissen und Werkzeugen, die sich auf deutschsprachige Seiten und Angebote im Netz konzentrieren, und schließlich eine Sammlung von Knotenpunkten, eine »Liste von Listen«, die Plätze von literarischem Interesse benennen.

Die Suchmaschinen

Sie beantworten Anfragen durch Listen von Titeln und Adressen (den sogenannten URLs = Uniform Resource Locator) einschlägiger Dokumente, die manchmal mit einer knappen Inhaltsangabe versehen und jedenfalls als Hyperlinks ausgelegt sind, nach erfolgreicher Suche also gleich angeklickt und in Augenschein genommen werden können. Die Suchmaschinen gestatten meist einfachere und komplexere Suchen. In jedem Fall ist es ratsam, sich die Grundregeln für die Detaillierung und Einschränkung von Anfragen (oft mit Hilfe von Ausdrücken aus der sogenannten Booleschen Algebra) anzusehen. Die Fahndung nach *Werthers Leiden* fördert sonst im Handumdrehen auch all jene Dokumente zutage, die von einer Stadt in Holland handeln, mit der Werther nach allem, was man weiß, nie zu tun hatte.

Werther AND *Leiden* – findet nur Dokumente, in denen beide Suchbegriffe vorkommen.

Werther OR *Leiden* – findet ebenfalls Dokumente, in denen beide Suchbegriffe vorkommen, aber auch jene, in denen nur einer von beiden auftaucht.

Leiden NOT *Werther* – findet Dokumente, in denen das Wort *Leiden,* aber nicht das Wort *Werther* vorkommt.

Daß es sich bei diesem *Leiden* aber nun immer um die Stadt und nie um das menschliche Leiden oder irgendeinen Heinz oder John Leiden handelt, ist nicht garantiert und nicht wahrscheinlich. Suchmaschinen »lesen« und »begreifen« eben nicht, sie vergleichen Zeichenketten. Wichtige Orientierungshilfe im Netz der Netze können sie bei einer überlegten Nutzung, die den maschinellen Unverstand in Rechnung stellt, trotzdem geben.

Nützliche und oft mehr Überblick bietende Wegweiser sind aber auch die mit mehr oder minder viel Menschenverstand thematisch gegliederten Kataloge, in denen sich der Suchende vom Allgemeinen zum Besonderen, vom Stamm über die Äste in das Gezweig der Einzelheiten hangeln kann. Manche Suchwerkzeuge, Yahoo z.B., bieten beides: die Suchmaschine und den Stichwortkatalog. Manche bieten unter einer Rubrik wie »What's New?« einen Überblick über neue Web-Seiten. Für alle Orientierungsmittel, die das Internet selbst bereithält, gilt natürlich, daß sie, gute Betreuung vorausgesetzt, der Aufgabe, aktuell zu bleiben, ganz anders gerecht werden können als ein Buch wie dieses.

Überholmanöver
»Craig bedenkt nicht, daß künstlich intelligente Wesen (fast hätte ich ›Maschinen‹ geschrieben), wenn sie einer sehr viel schnelleren Evolution unterliegen, uns sehr rasch überholen werden, auch was z.B. den IQ betrifft. Dann sehen wir eine neue Zivilisation, die nicht mehr von uns gelenkt wird.

Ob die neuen Herren ein Interesse daran haben werden, uns Menschen zur Unsterblichkeit zu verhelfen, halte ich für fragwürdig. Ich persönlich hoffe eher, daß sie uns besser behandeln als wir z.B. die Berggorillas. Immerhin werden wir in gewisser Weise ihre Schöpfer gewesen sein. Ich kann nur weiterhin hoffen, daß sie nicht zu sehr auf unsere Biosphäre angewiesen bleiben. Ganz nebenbei gesagt, ich halte diese Entwicklung für absolut unausweichlich. Die einzige Frage ist noch: wann. – Hans-Georg.«

Beitrag in der Newsgroup: »Mensa. Verein für Spaß mit der Intelligenz«. Dezember 1995.

news:de.org.mensa

Yahoo

Die Suche mit Yahoo erfolgt wahlweise durch die Eingabe eines oder mehrerer Suchwörter in eine Maske oder mit Hilfe eines tiefgestaffelten Menus von Stichwörtern und Unterstichwörtern. Alles, was Bücher und Autoren betrifft, versteckt sich am Ende eines Pfades, der von »Arts« über »Humanities« zu »Literature« führt. Auch die Nachrichtenarchive der Newsgroups lassen sich mit Yahoo durchsuchen.
http://www.yahoo.com

Lycos – Catalog of the Internet

Wahrscheinlich das kräftigste Suchwerkzeug im Internet, das sich auf die größte Zahl von URLs in den Bereichen WWW, Gopher und ftp erstreckt. Lycos bestraft allerdings ungenaues Suchen nach übermäßig allgemeinen Stichworten mit einer schlechterdings nicht zu bewältigen Lawine von Hits (= Treffern), die binnen weniger Sekunden (denn Lycos ist schnell!) ohne weite-

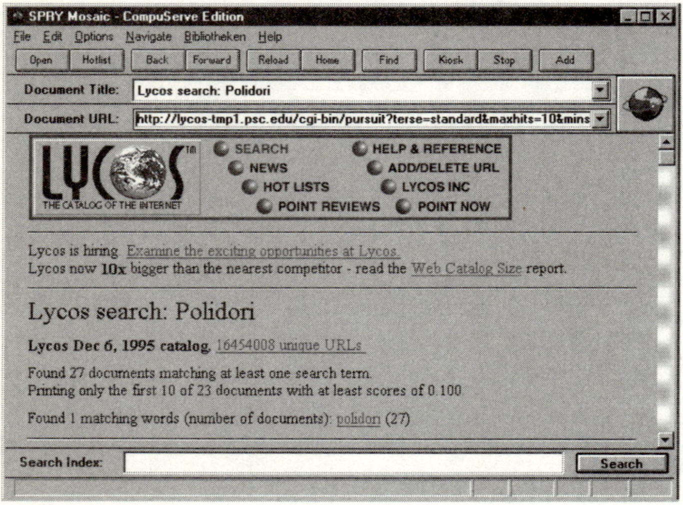

Mit Lycos auf der Suche nach John William Polidori

res in die Tausende gehen können – bremst sich selbst jedoch, indem es im voreingestellten Regelfall *(by default)* immer nur 10 Fundstellen anzeigt und am Ende dieser Liste die nächsten zehn bereithält. Neuerdings ermöglicht auch Lycos die Orientierung an Hand eines gestaffelten Stichwortkatalogs.
http://www.lycos.com/

AltaVista

Ein starkes Werkzeug für die Suche nach Stichworten im WWW und im Usenet. Es lohnt, den Hilfetext zu

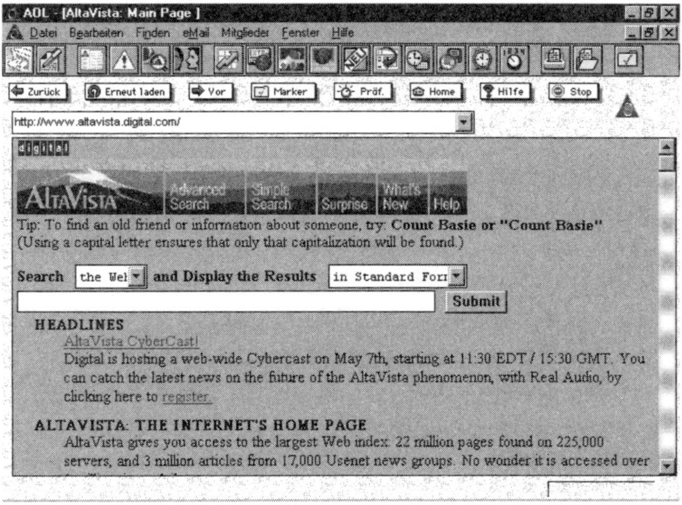

Die Suchmaske von AltaVista

studieren, vielleicht auch herunterzuladen und zu speichern. AltaVista bietet vielfältige Möglichkeiten zur Eingrenzung von Anfragen und damit auch vielfältige Suchmöglichkeiten.
http://www.altavista.digital.com

All-in-One Search

Eine Bibliothek von Internet-Suchwerkzeugen, die die Suche mit zahlreichen verschiedenen »Search-Tools« von einer einzigen Web-Seite aus ermöglicht. Die Suchmasken sind thematisch gegliedert: World Wide Web / General Internet / Specialized Interest / Software / People / News, Weather / Publications, Litera-

ture / Technical Reports / Documentation / Desk Reference.
http://www.albany.net/allinone/

The Whole Internet Catalogue
Ein Platz, von dem sich die Verbindung zu verschiedenen Suchwerkzeugen (Yahoo, Webcrawler) herstellen läßt. Am interessantesten sind hier aber wohl die kommentierten Verzeichnisse ausgewählter neuer und besonders guter oder besonders beliebter Seiten im WWW, die nach Themengruppen gegliedert angezeigt werden.
http://www-e1c.gnn.com/gnn/wic

Magellan
Ein unter Qualitätsgesichtspunkten zusammengestellter, durch Kommentare und Kurzbeschreibungen ergänzter Katalog von Internetplätzen, ein Prospekt aus Empfehlungen und Anregungen. Die Stichworte lassen sich allerdings nicht so fein detaillieren wie bei Yahoo.
http://www.mckinley.com/

InfoSeek
Suche nach Stichworten und Namen.
http://www.infoseek.com

Virtual Library
Suche nach Stichworten von »Agriculture« über »Art«, »Education« und »Literature« bis »Zoos«.
http://www.w3.org/hypertext/DataSources/bySubject/Overview2.html

Das Internet auf deutsch

Internet-Recherche-Agent

»Wenn Sie im WWW wissenschaftlich nach Informationen suchen wollen, dann sind Sie hier richtig.« Thematisch und hierarchisch gut und übersichtlich gegliederter Zugang zu informativen deutschen (und internationalen) Online-Angeboten: Auskunft / Bibliotheken / Fachgebiete / Länder / Medien / Software / Suchsysteme / Universitäten. Am Ende des Weges: »Fachgebiete \ Literatur \ Deutsche« findet sich ein aufwendiges Tableau, das mehr verheißt, als es hält. Es versammelt so viele Namen von Ilse Aichinger bis zu Joseph Winkler, daß man meinen könnte, die zeitgenössische deutsche Literatur sei auf breiter Front ins Internet vorgedrungen: es handelt sich aber im großen und ganzen nur (immerhin?) um eine Artikelserie aus dem Wiener *Standard* über die moderne (österreichische) Literaturszene. Dennoch ist der I.-R.-A. eine starke, vielseitige Orientierungshilfe. Besondere Sorgfalt wurde auf das Verzeichnis der deutschen Bibliotheken mit Online-Zugang verwendet.
http://www.werle.com/intagent/index.htm

DINO-Deutschprachige Seiten im WWW

Zwischen Rubriken wie Auto, Freizeit und Reisen finden sich auch: Bildung / Computer und Internet / Kunst und Kultur / Medien / Wissenschaft und: Was nicht einzuordnen war...
http://www.dino-online.de/

World Wide Web im deutschen Sprachraum

Literatur & Zeitungen / Wissenschaft & Technik / Soziales & Gesellschaftliches / Spiel, Spaß & Freizeit.
http://www.leo.org/infosys/

WEB.DE – Deutschland im Internet

Ein nach Stichworten gegliederter Katalog deutscher Internet-Plätze: Computer / Info / Kunst & Kultur / Organisationen / Marktplatz / Freizeit / Wirtschaft / Medien / Veranstaltungen / Regional / Wissenschaft / private Homepages.
http://vroom.web.de

Deutschsprachige Informationen im Internet

Verzeichnis deutscher Web-Seiten, gegliedert in: Bildungswesen (Akademien, Hochschulen, Wissenschaften) / Freizeit (Film, Kunst, Kultur, Musik u.a.) / Literatur (Bücher, Nachrichten, Zeitungen, Zeitschriften) / Wirtschaft / Politik / Recht / Deutschland-Informationen / Internet.
http://www.brainlink.com/~accelcom/ddaten.html

Bundesdatenautobahn: deutsche Internet-Adressen

Deutsche Internetangebote mit kommerziellem Schwerpunkt – von der Graf Lambsdorff Vermögens-

verwaltung bis zur Internet-Filiale der Buchhandlung Mühlau/Weiland
http://hamburg.bda.de:800/bda.html

Deutsche WWW-Server

Eine umfangreiche (101 KB), nach Städten gegliederte Liste deutscher WWW-Server ist abrufbar unter der Adresse:
http://www.chemie.fu-berlin.de/outerspace/www-german.html

Literarische Knotenpunkte im Netz

Bibliotheken, Bücher, Berichte

Ein Liste online abfragbarer Bibliothekskataloge in Deutschland und weltweit, außerdem Verzeichnisse von Datenbanken zu diversen Themen, von Wörterbüchern, Lexika und kopierbaren Büchern.
http://www.geog.uni-hannover.de/iln/bibliotheken/bibliotheken.html

BiN – Bücher im Netz

Schwerpunkt: deutschsprachige Literatur. Besprechungen, Essays, Interviews. Notizen und Hinweise zu einzelnen Büchern. Autorenporträts. Verlagsporträts. Verbindungen zu anderen Literaturseiten.
http://grimnir.wiwi.hu-berlin.de/~huck/bin.html

Deutsche Literaturseiten im Internet

Verbindungen zu Verlagen und Buchhandlungen (Schwerpunkt Wissenschaft) sowie zu Zeitungen und Zeitschriften (international) im Internet.
http://www.chemie.fu-berlin.de/outerspace/verlage.html

Mega-Index

Dieses Verzeichnis versucht alle im Internet vertretenen deutschsprachigen Anbieter aufzuführen, die sich in den Bereichen: Verlage / Bücher / Print-Medien / Buchhandlungen / Institutionen / Bibliotheken / Forschung / Online-Texte tummeln.
http://www.deutschland.de/linx/mega-index.html

Deutschsprachige Literaturmagazine im Internet

Zusammengestellt von Enno E. Peter
http://www.cs.tu-berlin.de/~nop/magazine.html

WWW-Angebote des Verlagswesens

Auswahl von Verbindungen zu einschlägigen Web-Adressen mit Schwerpunkt Deutschland: Verlage / Buchhandlungen / Zeitschriften, Magazine / Zeitungen.
http://www.darmstadt.gmd.de/BV/agef_5.html

Bibliotheken im Internet

Verbindungen zu Bibliotheken in Deutschland, Österreich, Holland und der Schweiz
http://wwwwbs.cs.tu-berlin.de/bibliotheken/index.html

On-Line-Books-Page

Ein Katalog, von dem aus sich die Verbindung zu ca. 1000 englischen elektronischen Büchern herstellen läßt.

Die Suche nach Titel, Autor und Thema ist möglich. Außerdem gibt es Hinweise auf Online-Ausstellungen.
http://www.cs.cmu.edu/Web/books.html

Piet Wesselman's Book Lovers Page

P.W. hat hier zusammengetragen, was er über Schriftsteller und Dichter, Bibliotheken, Verlage und Buchhändler im Internet gefunden hat. Interessante Schwerpunkte seiner typographisch sorgfältig gestalteten Seiten: antiquarische Bücher, Buchgeschichte, Buchkunst, Typographie, aktuelle Informationen zu Ereignissen in der Bücherwelt der Niederlande.
http://www.xs4all.nl/~pwessel/

BookWire

Diese Web-Seite von »Publisher's Weekly« gibt auf ihrer »Navigator Page« einen umfassenden Überblick über die Literatur- und Buchinformationen im World Wide Web.
http://www.bookwire.com

Internet Book Information Center at Sunsite

Eine Schaltstelle zu diversen Internet-Punkten von literarischem Interesse, insbesondere auch zu einer Reihe von Online-Ausstellungen: Vatikanische Bibliothek / Sowjetische Geheimarchive / Die Qumran-Bibliothek / 1492 – An Ongoing Voyage / Die Sammlung des Paläontologischen Museums der University of California / Der »Palast« des Diokletian in Split.
http://sunsite.unc.edu/ibic/IBIC-homepage.html

Savetz's Unofficial Internet Public Domain Index

Ein Verzeichnis mit Verweisen auf frei zugängliches und von Urheberrechten freies Material im Internet: Literatur / Fachbücher (Internet, E-Mail, Publizieren im WWW usw.) / Software und Quellcodes / Grafik und Bilder / Veröffentlichungen der US-Regierung / Audiodateien / Dokumente über Fragen des Copyrights und des geistigen Eigentums im »Cyberspace«.
http://www.northcoast.com/savetz/pd/pd.html

Books in Chains

Scott Rettbergs umfangreiche Seite mit Verweisen auf englische Ressourcen im Internet, auf Seiten, die einzelnen Autoren (vor allem des 20. Jahrhunderts) gewidmet sind, und auf elektronische Literaturzeitschriften.
http://www.uc.edu/~RETTBESR/Links.html

Kinder- und Jugendliteratur im WWW

Verbindungen zu einschlägigen Plätzen: Online-Literatur für Kinder (Sammlungen, Klassiker, zeitgenössische Erzählungen, Märchen, Kinderlieder), Materialien über Kinderbücher, Zeitschriften, Diskussionsgruppen, Kinderbuch-Literaturpreise und Bestseller, Informationen über Autoren und ihre Bücher.
http://www.ucalgary.ca/~dkbrown/index.html

A Celebration of Women Writers

Eine sehr ausführliche Liste mit Verbindungen zu elektronischen Texten von schreibenden Frauen und zu

Materialien über ihr Leben und ihre Arbeit – von Sappho bis Susan Sontag.
http://www.cs.cmu.edu/Web/People/mmbt/women/writers.html/

Web-Sites für Französische Sprache und Literatur

Eine Fülle von Verbindungen für Frankophile und Romanisten zu Büchern, Museen und Archiven, Zeitungen und Zeitschriften.
http://etext.lib.virginia.edu/french.html

Tennessee Bob's Famous French Links

Verbindungen zu französischen und frankophonen (auch kanadischen) Plätzen: Kunst, Literatur, Musik, Zeitungen und Zeitschriften, französische Sprache, Schul- und Universitätswesen.
http://www.utm.edu/departments/french/french.html

FranceWeb: Culture & Loisirs

Die Homepage des französischen Ministeriums für Kultur und Frankophonie mit vielen Verweisen auf Museen und Bibliotheken, Literatur, Chanson und – Sport.
http://www.francenet.fr/franceweb/Fra/FraCult.html

Authors – Links & Info

Eine Art Lexikon von Autoren des 20. Jahrhunderts, dessen Artikel aus Bildern, informativen Texten und Verbindungen zu einschlägigen Plätzen im WWW bestehen: Kathy Acker / Martin Amis / Julian Barnes /

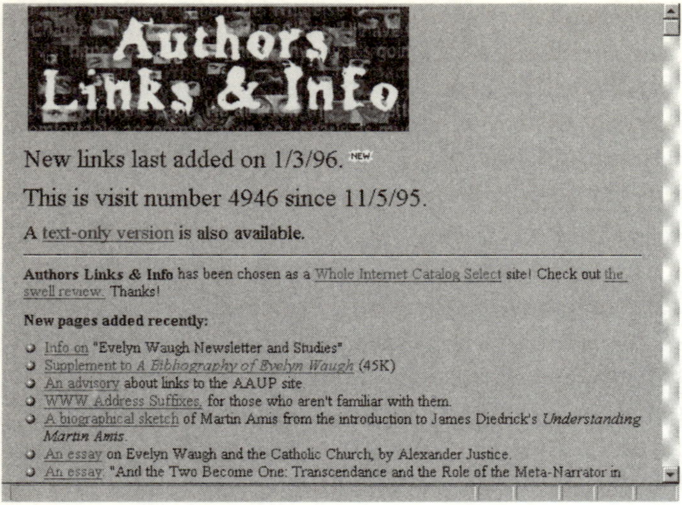

Samuel Beckett / Charles Bukowski / Anthony Burgess / William S. Burroughs / Albert Camus / Louis-Ferdinand Céline / Raymond Chandler / Umberto Eco / William Faulkner / Gabriel García Márquez / William Golding / Joseph Heller / Ernest Hemingway / Hermann Hesse / John Irving / Milan Kundera / Arthur Miller / Joyce Carol Oates / Dorothy Parker / Tom Robbins / J.D. Salinger / Hubert Selby / Hunter S. Thompson / Gore Vidal / Kurt Vonnegut / Evelyn Waugh u.a.
http://www.empirenet.com/~rdaeley/authors/authors.html

John Labovitz's E-Zine-List

Ein Verzeichnis von zur Zeit fast 800 elektronischen Magazinen (E-Zines) zu allen erdenklichen Themen, darunter auch die Literatur. Ausgehend von einer alphabetischen Liste lassen sich Informationen zu den einzelnen »Zines« abrufen und deren Adressen anwählen.
http://www.meer.net/~johnl/e-zine-list/index.html

Mythtext

Eine Sammlung von Wegweisern zu mythologischen Werken größeren und geringeren Umfangs im Netz: Artusstoff, keltische Sagen, Antike, Ägypten – sowie zu einschlägigen Newsgroups.
http://www.io.org/~untangle/mythtext.html

Human Languages Page

Ein umfassender, mit Sinn und Verstand zusammengestellter Katalog sprachbezogener Ressourcen im Internet. Eine Fundgrube von Materialien zu mehr als hundert Sprachen, darunter alle »größeren«, aber auch Akkadisch, Klingonisch, Schwäbisch und viele andere.
http://www.willamette.edu/~tjones/Language-Page.html

2. Werke und Leben

Daß die Seiten im World Wide Web nicht nur Materialien zu ihrem Thema bieten, sondern zugleich auch Knotenpunkte für die Verbindung zu anderen Seiten sind, die sich mit dem gleichen oder mit ähnlichen Themen beschäftigen, gilt in besonderem Maße für die zahlreichen Plätze, die einzelnen Autoren gewidmet sind. In Charakter, Umfang und Absicht unterscheiden sich diese Plätze sehr stark voneinander. Von der persönlichen Huldigung bis zum wohlgefüllten Spezialarchiv ist alles möglich und alles zu finden.

Jane Austen

Eine der reichhaltigsten Autoren-Seiten, auf die ich gestoßen bin, eine mittlere Bibliothek: Sämtliche Romane von Jane Austen sind meist in mehreren Editionen als E-Texte komplett oder kapitelweise verfügbar, besonders bemerkenswert: die kommentierte und durch Illustrationen ergänzte Hypertext-Ausgabe von »Pride and Prejudice«. Dazu reichhaltiges biographisches Material, Bilder, Landkarten, Kritik.
http://uts.cc.utexas.edu/~churchh/janeinfo.html

Aphra Behn

Ruth Nestvold hat diese Seite der ersten professionellen englischen Schriftstellerin gewidmet, die von 1640 bis 1689 lebte und vor allem durch ihren Roman »Oroonoko« bekannt geworden ist.
http://ourworld.compuserve.com/homepages/r_nestvold/

Elizabeth Bishop

Eine noch im Bau befindliche, vielversprechende Seite, die den verschiedenen Aspekten des schmalen Lyrik- und Prosawerks der amerikanischen Dichterin, ihren Briefen, ihrer Biographie, ihren Beziehungen zu Brasilien gewidmet ist.
http://www.cwrl.utexas.edu/~daniel/bishop/

Lewis Carroll

»Der Cyberspace scheint ein geeigneter Raum für Informationen über einen Mann zu sein, der den eigenen Namen mit seinen besten Werken nicht verbunden sehen wollte«, so leitet Joel M. Birenbaum seine Seite mit Materialien zum Verfasser von »Alice im Wunderland« ein: E-Texte seiner Werke, Carrolls Photographien, seine Logik, Literatur über ihn, Veranstaltungshinweise und Hinweise auf »Carrollianer im Internet«.
http://www.students.uiuc.edu/~jbirenba/carroll.html

Umberto Eco

Eine Kurzbiographie, eine Bibliographie der englischen Übersetzungen von Ecos Werken, eine Verbindung zum Musée des Arts et Métiers in Paris, wo das wirkliche Foucaultsche Pendel hängt, Verbindungen auch zu anderen Eco-Plätzen im Netz und ein Auszug aus dem Vorwort zur amerikanischen Ausgabe von »Travels in Hyperreality«.
http://www4.ncsu.edu/eos/users/m/mcmesser/www/eco.html

Ein neuer Religionskrieg: Mac contra DOS

»Ich bin der festen Überzeugung, daß der Macintosh katholisch ist und das DOS protestantisch. Der Macintosh ist sogar gegenreformatorisch und von der ›ratio studiorum‹ der Jesuiten beeinflußt. Er ist fröhlich, freundlich, versöhnlich, er sagt den Gläubigen, wie sie Schritt für Schritt vorgehen müssen, um – wenn schon nicht ins Himmelreich, so doch zu dem Augenblick zu gelangen, in dem ihr Dokument gedruckt wird. Der Macintosh ist katechetisch: das Wesen der Offenbarung wird in einfachen Formeln und prachtvollen Ikonen abgehandelt. Jeder hat das Recht auf Erlösung. – Das DOS ist protestantisch oder sogar kalvinistisch. Es läßt eine freie Schriftauslegung zu, verlangt schwierige persönliche Entscheidungen, mutet dem Benutzer eine feinsinnige Hermeneutik zu und hält es für selbstverständlich, daß nicht jeder der Erlösung teilhaftig werden kann...«

Umberto Eco in seiner Kolumne »La Bustina di Minerva«, in: Espresso, 30. September 1994.

http://www4.ncsu.edu/eos/users/m/mcmesser/www/mac_dos.html

T.S. Eliot

Eine sehr persönliche Hommage von Bruce Ong an T.S.E.

http://www.next.com/~bong/eliot/index.html

William Faulkner

Einladung zu einem ausgiebigen Rundgang durch Yoknapatawpha County und den Hauptort mit Bibliothek, Lichtspieltheater, Spielzimmer und Nebengebäude.

http://www.mcsr.olemiss.edu/~egjbp/faulkner/faulkner.html

Ian Fleming

Sein Leben, sein »Erbe«, seine »James Bond«-Romane.
http://www.mcs.net/~klast/www/fleming.html

Elizabeth Gaskell

Materialien zu Leben und Werk der englischen Romanautorin und Biographin von Charlotte Brontë.
http://lang.nagoya-u.ac.jp/~matsuoka/Gaskell.html

William Gibson

Gibson hat in seinem Roman »Neuromancer« das Wort »Cyberspace« erfunden. Bei Heyne (nicht im Netz) ist das Buch für 12,90 DM zu bekommen. Informationen und Austausch über den Verfasser unter der Adresse:
http://sfbox.vt.edu:10021/J/jfoley/gibson/gibson.html

James Joyce

Rob Callahan's Joyce Pages – eine »Zusammenstellung von im Internet verfügbaren Ressourcen für Enthusiasten und Gelehrte«. Nicht nur Texte zu Joyce, sondern auch mehrere Karten von Dublin mit Hinweisen zu den Schauplätzen des »Ulysses«, eine Bildergalerie, eine abrufbare Audiodatei mit der Aufnahme einer Lesung von J.J. aus »Finnegans Wake« und Hinweise auf andere Joyce-Plätze im Internet.
http://www.2street.com/joyce/

Elektronische Ausgaben der Werke von J.Joyce
»Dubliners«
http://www.datatext.co.uk/library/joyce/dublin/chapters.htm

»Portrait of the Artist as a Young Man«
http://www.datatext.co.uk/library/joyce/artist/chapters.htm

Franz Kafka

Joseph K.'s »Franz Kafka Homepage« – nicht etwa in Österreich oder Deutschland, sondern in den USA beheimatet.

http://www.cowland.com/josephk/josephk.htm

Stephen King

»Umneys letzter Fall«
Vor der Buchmesse 1993 (und vor dem Buch) erschien diese Erzählung (22 kb) zunächst in elektronischer Form im Internet, wo sie bis heute wahlweise in englischer oder deutscher Sprache erreichbar ist. Wer eine Sound-Karte besitzt, kann den Hund auf Seite 2

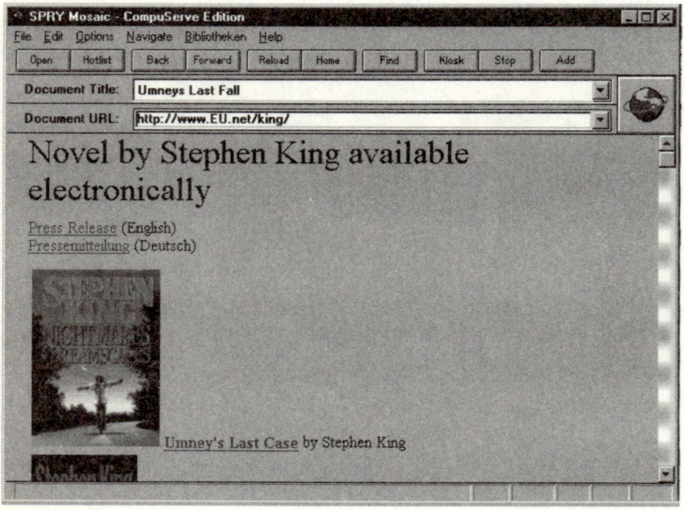

Stephen King: »Umneys letzter Fall« in deutsch und englisch

durch Anklicken eines Hypertext-Verweises zum Bellen bringen.
http://www.EU.net/king/

Marx/Engels Archiv

»Let me add that this is not a sectarian/One-Great-Truth effort«, erklärt der Marx/Engels-Internet-Archivar Ken Campbell von der Cyber-Marx-Internationale. Das Archiv umfaßt eine umfangreiche, offenbar der Vollständigkeit zustrebende Bibliothek englischer Übersetzungen von Marx- und Engels-Texten, biographisches Material, Texte anderer Autoren und eine schöne Photogalerie.
http://csf.Colorado.EDU:80/psn/marx

»Jenny, Laura, Eleanor, Dad, Fred« (1864) –
Aus dem Marx/Engels Archiv

Karl May

Informationen der Karl-May-Gesellschaft. Editionsplan der Historisch-kritischen Ausgabe von Hermann Wiedenroth und Hans Wollschläger. Diverse Veröffentlichungen über Karl May sind online zu beziehen, außerdem die Romane »Scepter und Hammer« und »Der Schatz im Silbersee«.
http://www.theo-physik.uni-kiel.de/~starrost/kmg.html

Vladimir Nabokov

»ZEMBLA – The Nabokov Butterfly Net.« Eine Fundgrube an Informationen über den Verfasser der »Lolita«, dessen Name nicht nur mit seinen Werken, sondern auch in den wissenschaftlichen Bezeichnungen mehrerer erstmals von ihm beschriebener Tagfalter (und eines Nachtfalters) fortlebt. Konsequenterweise enthält der Nabokov-Platz im Internet auch Hinweise auf digitalisierte Schmetterlingssammlungen – außer-

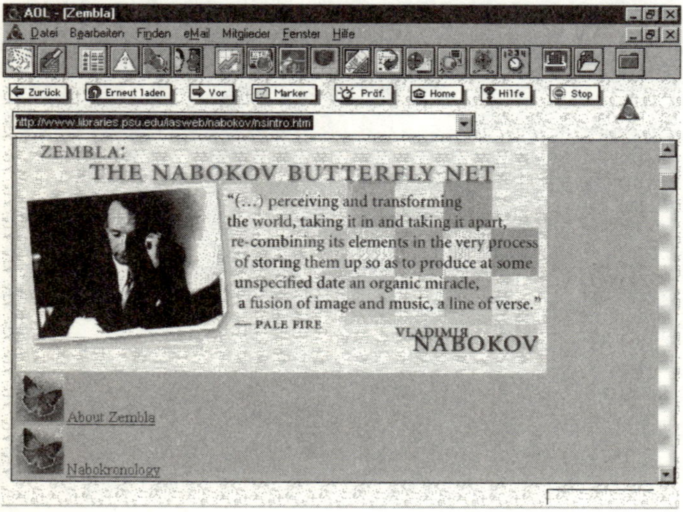

dem Studien zu Nabokovs Romanen und Erzählungen, Register zu mehreren seiner Bücher, ein Gesamtverzeichnis der in der Zeitschrift »Nabokovian« erschienenen Artikel, Hinweise zur Wirkungsgeschichte namentlich von »Lolita« und biographische Materialien, darunter eine von Dieter E. Zimmer, dem Herausgeber der deutschen Nabokov-Ausgabe, zusammengestellte und mit einigen Fotos versehene Liste von 101 Adressen, unter denen Nabokov im Laufe seines Lebens gewohnt und gearbeitet hat.
http://www.libraries.psu.edu/iasweb/nabokov/nsintro.htm

Friedrich Nietzsche

»The Nietzsche Page« – eine Bibliographie von Nietzsches Schriften in englisch und deutsch, Hinweise zur Nietzsche-Forschung, zu Nietzsche-Gesellschaften und eine Verbindung zu Malcolm Browns eindrucksvoller Chronik von Nietzsches Leben.
http://www.usc.edu/dept/annenberg/thomas/nietzsche.html

Anaïs Nin

Erinnerungen von Freunden und Bekannten an die amerikanische Schriftstellerin (1903-1977), die vor allem durch ihre Tagebücher bekannt wurde.
http://www.dol.com/nin/

Georges Perec

Eine Bibliographie der Erstausgaben, ein Fotoalbum, einige Leseproben und mehr.
http://www2.ec-lille.fr/~book/perec/

John William Polidori

»The Vampyre« – die erste Vampirgeschichte der Literaturgeschichte, erstmals erschienen 1819, konzipiert im kalten Sommer des Jahres 1816.
http://www.greyware.com/authors/Doyle&Macdonald/l_vampyr.htm

Marcel Proust

Die Homepage des Kolb-Proust Archive for Research. Philip Kolb hat für seine Edition der Korrespondenz Marcel Prousts (Paris 1970ff.) einen gigantischen Zettelkasten von mehreren zehntausend Zetteln angelegt – eine Fundgrube für die Proust-Forschung, wie es heißt. An der University of Illinois in Urbana-Champaign, wo Kolb bis zu seinem Tod im Jahre 1992 gearbeitet hat, soll dieser Zettelkasten nun mit Querverweisen digitalisiert und online zugänglich gemacht werden – vermutlich eine

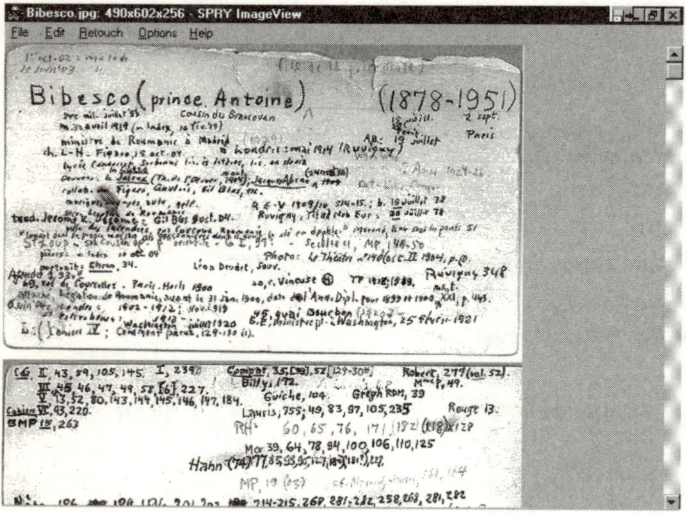

Die Karteikarte zum Prinzen Bibesco aus dem Kolb-Proust-Archiv

sinnvollere Art der Veröffentlichung als die Drucklegung, und vielleicht eine Anregung für den einen oder anderen, der hierzulande diesen oder jenen famösen oder curiösen Zettelkasten unter Verschluß hält.
http://www.grainger.uiuc.edu/kolbp/default.HTM

Thomas Pynchon

Gründliche Informationen und begründete Spekulationen über den notorisch schwer erreichbaren Autor von »Gravity's Rainbow«. Eine biographische Skizze, Hinweise auf seine Bücher, eine schöne Zusammenstellung von Indizien für mögliche Einflüsse, Vorlieben, Interessen und vieles mehr.
http://www.pomona.edu/pynchon/index.html

Raymond Queneau

»Exercises de style«, Stilübungen – der vollständige französische Text des facettenreichen Alltagsabenteuers auf der hinteren Plattform des Autobusses der Linie S.
http://www.panix.com/~todonnel/eds.html

Alain Robbe-Grillet

John Leo's Web-Seite mit einer ausführlichen Biblio- und Filmographie der Werke von A. R.-G und einigen Links.
http://www.halfaya.org/robbegrillet/

Salman Rushdie

Materialien zu, Interviews mit, Artikel und Essays von Salman Rushdie.
http://www.empirenet.com/~rdaeley/authors/rushdie.html

William Shakespeare

Shakespeares sämtliche Werke: Komödien, Historien, Tragödien und Gedichte. Die Dramen sind über Inhaltsverzeichnisse in einzelnen Szenen abrufbar. Außerdem stellt diese Shakespeare-Seite ein Diskussionsforum zur Verfügung und Verbindungen zu Shakespeare-Materialien an anderen Internet-Plätzen her.
http://the-tech.mit.edu/Shakespeare/

Mark Twain

Eine exemplarische Sammlung von Materialien: Verbindungen zu den an zahlreichen Plätzen im Internet bereitgehaltenen Online-Editionen der Werke von Mark Twain, eine Zusammenstellung von Maximen und Zitaten, Hinweise zu seiner Biographie und zur Kritik an seinem Werk und eine ausführliche Dokumentation von Mark Twains Antiimperialismus, der sich am philippinisch-amerikanischen Krieg (1899-1902) entzündete.
http://web.syr.edu/~fjzwick/twainwww.html

Virginia Woolf

Von dieser reichhaltigen Web-Seite sind mehrere Werke Virginia Woolfs als E-Text erreichbar: »The Voyage Out«, »Mrs. Dalloway«, »To the Lighthouse«, »The Waves«, »A Haunted House and Other Stories« – außerdem Studien über Virginia Woolf und Buchbesprechungen sowie zahlreiche Verbindungen zu Bildern und Texten über Orte, die in ihrem Leben und ihren Werken eine Rolle spielen.
http://130.54.80.49/VW/INDEX.HTML

3. Panoptikum der Poesie

The Internet Poetry Archive

Ein Platz für zeitgenössische Lyrik im World Wide Web: ausgewählte Gedichte in der Originalsprache des Verfassers und (wenn nötig) in englischer Übersetzung, dazu »Audioclips«, in denen die Autoren selbst lesen, eine Biographie und Literaturhinweise. Die ersten Autoren, die hier vorgestellt werden sind Czesław Miłosz, Seamus Heaney und Philip Levine.
http://sunsite.unc.edu/dykki/poetry/

The Electronic Poetry Center

Neue amerikanische Lyrik vom Campus der University of Buffalo.
http://wings.buffalo.edu/epc/

Representative Poetry

Eine eindrucksvolle Anthologie englischsprachiger Lyrik vom späten Mittelalter bis zum Beginn des 20. Jahrhunderts mit 730 zum Teil sehr umfangreichen Texten von Thomas Wyatt (1503-1542) bis A.E. Housman (1859-1936).
http://library.utoronto.ca/www/utel/rp/intro.html

See, I have a rhyme
assisting my feeble brain...
Eselsbrücke zu der irrationalen, transzendenten Zahl Pi. Die Buchstabenzahl der Wörter entspricht den einzelnen Stellen von: 3,14159265... Aus: »Mnemonics«, zusammengestellt von Mark Majka
gopher://wiretap.Spies.Com/11/Library
(Verzeichnis: \Language\Mnemonics)

The American Verse Project

Ein Online-Projekt der University of Michigan: amerikanische Lyrikbände aus der Zeit vor 1920 (mit Schwerpunkt im 19. Jahrhundert) werden hier komplett zugänglich gemacht: W.S. Braithwaite / A.H. Branch / W.C. Bryant / B. Carman / E. Dickinson / P.L. Dunbar/ R.W. Emerson / J.G. Fletcher / P.H. Savage / S. Teasdale / G.S. Viereck u.a.
http://www.hti.umich.edu/english/amverse/

Poets' Corner

Eine Lyrik-Anthologie in englischer Sprache: Texte von 70 Autoren unter ihnen Christina Rossetti, Edward Lear, W.H. Auden, e.e. cummings, Dorothy Parker.
http://www.lexmark.com/data/poem/poem.html

Deutsche Gedichte

Eine kleine Sammlung mit einigem Bekannten und einigen Überraschungen: nicht nur Goethe, Eichendorff, Rilke, Lasker-Schüler und Benn, sondern auch Schnauffer (»Schwarz-Rot-Gold«), Stadler (»Form ist Wollust«) und Kathinka Zitz-Halein (»Für einen übertreibenden

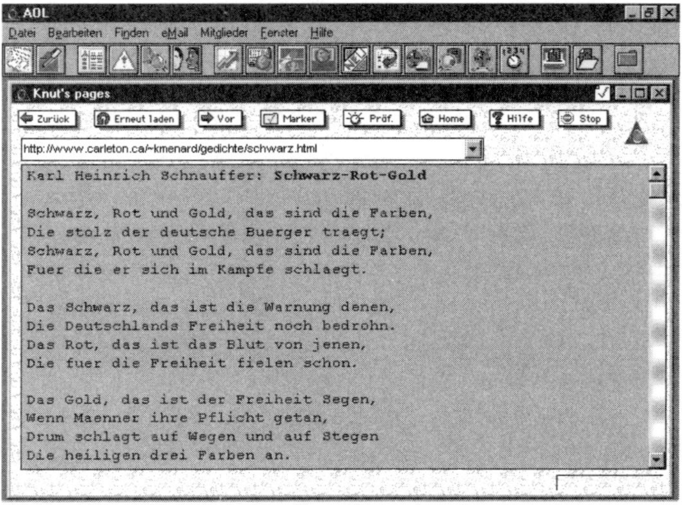

Deutschthümler«) werden in amerikanischen Germanistikkursen gelesen.
http://www.carleton.ca/~kmenard/germanbooks.html

Der Surrealismus-Server

»Zuletzt modifiziert am 31. Februar 1906. Die letzte Modifikation war die beste.« – Eine wilde Seite, die der Aktualität des Surrealismus und seiner bewegten Geschichte huldigt. Hinweise auf surrealistische Literatur, Dada und Fluxus im WWW, Informationen über surrealistische Gruppen im späten 20. Jahrhundert, Anleitungen zu verschiedenen surrealistischen Sprach(zufalls)spielen. Ein surrealistischer Komplimenten-Erzeuger ist zur Zeit wegen politischer Unkorrektheit gesperrt.
http://pharmdec.wustl.edu/juju/surr/surrealism.html

4. Zeichen und Wunder

Orakel im Netz

»Hocus Pocus Sortilegium« oder »Der curiöse Karten- und Taschenspieler«, Frankfurt, ca. 1690. Das barocke Orakel wurde für das World-Wide-Web adaptiert und (in begrenztem Maße) interaktiv nutzbar gemacht. Beantwortet werden Fragen zu den Themen: Liebe / Freundschaft / Ehe und Kinder / Geld und Beruf / Tugend und Laster, Lug und Trug / Gesundheit und Glück / Kampf und Streit.
http://rigel.abc.de/orakel/

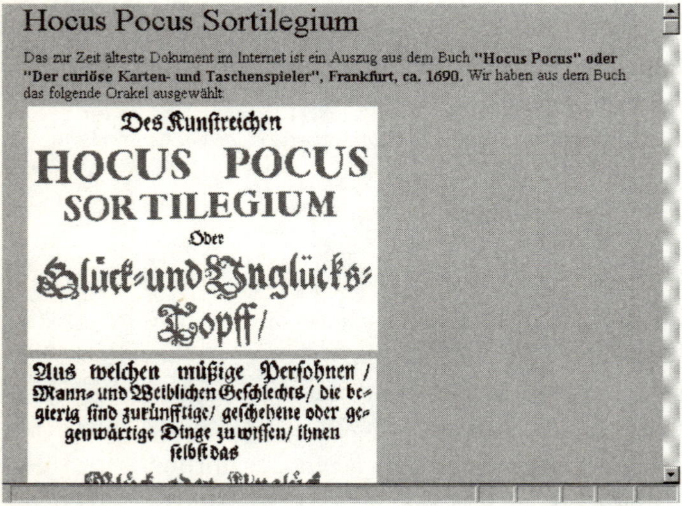

Sicherlich nicht das älteste Dokument im Internet und dennoch kurios: Hocus Pocus Sortilegum – Aus dem Projekt Gutenberg, Deutschland

Literatur bei LunetIX

Auch das gibt es: eine im Entstehen begriffene Firma von Linux-Entwicklern stiftet elektronisch aufgearbeitete Ausgaben von gemeinfreien literarischen Werken: Erzählungen von Franz Kafka und die Palmström-Gedichte von Christian Morgenstern.
http://www.lunetix.de/kultur/Literatur.html

Kulturbox, Berlin

Das Reichstagsarchiv zur Christo-Verhüllung. Informationen verschiedener Berliner Verlage (Edition diá, Bernd Michael Paschke u.a.). Historische Friedhöfe in Berlin und letzte Ruhestätten berühmter Persönlichkeiten. »Charlottengrad – Die russische Kulturzeitung im Internet«. Auch ein interaktiver Stadtplan von Berlin findet sich an diesem Bauplatz auf der Sonnenallee in Neukölln.
http://www.kulturbox.de/

Das Kabinett des Dr. Casey

»The Horror Web Page«: Horrorfilmplakatearchiv / Horroratlas / Acht Jahrhunderte Horror / Horrorfilme / Horrorliteratur / Halloween Sites On the Web. Eine Web-Seite, bei der man Bilder und Grafiken tunlichst mitladen sollte: die einzelnen Abschnitte sind in triefendem Blutrot voneinander getrennt.
http://www.cat.pdx.edu/~caseyh/horror/index.html

Tyburn Tree: Public Execution in Early Modern England

Tyburn ist der alte Name des Londoner Stadtteils Marylebone. Dort stand ein für Londoner Kriminelle maßgeblicher Galgen. Auf dieser Web-Seite sind letzte Ansprachen von Todeskandidaten sowie andere Dokumente und Bilder von öffentlichen Hinrichtungen in England versammelt.
http://www.columbia.edu/~zll1/tyburn.html

The Sherlockian Holmepage

Der Wegweiser zu allem, was für eingeschworene Conan Doyle-Leser relevant sein mag: zu den online verfügbaren Erzählungen und Romanen, zu Newsgroups und Verkaufsständen für Sherlock Holmes-Artikel, zur Homepage von Scotland Yard (Metropolitan Police) ebenso wie zum »Pipes Digest«.
http://watserv1.uwaterloo.ca/~credmond/sh.html

The London Gazette (1692)

Exemplarische Hefte einer frühen englischen Zeitung. Die »London Gazette« erschien erstmals am 5. Februar 1666. Sie erscheint noch heute.
http://www.history.rochester.edu/London_Gazette/

The Penny Magazine (1835)

Ausgewählte Ausgaben der ersten Illustrierten Europas mit Berichten aus aller Welt und über Themen von allgemein bildendem Interesse.
http://www.history.rochester.edu/pennymag/

Chris Seidel's Poetry Generator

erzeugt mit dem »Häretischen Reim-Generator« nach Vorgabe eines Verses Vierzeiler, die nicht immer unsinnig sind.
http://zenith.berkeley.edu/seidel/poem.html

WordPlay

Eine Liste von Plätzen, die dem Spiel mit und dem Spaß an der Sprache huldigen. Neben manch anderem findet sich hier ein Archiv der bedrohten Wörter, ein englischer Anagramm-Generator und eine Liste von 200 Wörtern, deren britische und amerikanische Bedeutungen so unterschiedlich sind, daß Verwechslungen peinliche Folgen zeitigen.
http://homepage.interaccess.com/~wolinsky/word.htm

Die Piazza der Zitate – The Quotations Home Page

Hier findet man mehr, als man im Büchmann (oder im Bartlett siehe S. 112) je suchen würde. Zitate aus der Weltliteratur und aus den Internet-Usergruppen, Aphorismen, Gedichte, globales Weistum, Alternativdefinitionen gebräuchlicher Wörter sowie eine lange Liste mit Verfeinerungen und Anwendungen von »Murphys Gesetz«.
http://www.lexmark.com/data/quote.html

The Libyrinth

Ausgewählte Autoren des 20. Jahrhunderts werden in biographischen Skizzen, Bildern, Biographien, Rezensionen und Textproben vorgestellt: Joyce / Borges / Eco / García Márquez. (Hinzukommen sollen demnächst: Franz Kafka, Ken Kesey, Vladimir Nabokov, Milorad Pavic, Salman Rushdie, Kurt Vonnegut)
http://www.microserve.com/~thequail/libyrinth/

Book Nook – Eine Bücherecke für Kinder

Kinder schreiben über Kinderbücher – allerdings in Kanada und auf Englisch.
http://i-site.on.ca/Isite/Education/Bk_report/BookNook/default.html

...die gleichen Probleme
»Ich bin in der 7. Klasse, und dieses Jahr lasen wir ein Buch, das, glaube ich, vielen Kindern gefallen würde: ›Tom Sawyer‹ von Mark Twain... Tom ist in vielem so, wie Jungen heute sind, und hat auch die gleichen Probleme. Er verliebt sich, schwänzt die Schule und besitzt eine lebhafte Phantasie...« Sean Dickerson aus Poughkeepsie, N.Y. in »Book Nook«.
http://i-site.on.ca/Isite/Education/Bk_report/BookNook/default.html

Deutsche (Kinder)Literatur des 19. Jahrhunderts

Noch (?) unvollständige und doch schon exemplarische Hypertexteditionen von

- Heinrich Hoffmann, »Struwwelpeter«, in Deutsch mit den Illustrationen, dazu verschiedene englische Übersetzungen, unter anderem von Mark Twain, zusätzliche Materialien und Kommentare.
- Wilhelm Busch, »Max und Moritz«, in deutsch und in einer sehr witzigen englischen Übersetzung, dazu auch »Hans Huckebein«
- Grimmsche Märchen, »Froschkönig« und »Rumpelstilzchen«

http://www.fln.vcu.edu/menu.html

Harper Audio!

Ein akustisches Archiv literarischer Stimmen, dessen Nutzung allerdings nicht nur eine Soundkarte, sondern auch einige Geduld beim Download erfordert. Die Dateien sind nämlich 3-5 MB groß (in komprimierten Formaten immer noch knapp 1 MB). Beim Vorlesen eigener Werke sind zu belauschen: Anthony Burgess, T.S.

Eliot, William Faulkner, Robert Frost, Ernest Hemingway, Langston Hughes, Corretta Scott King, Arthur Miller, Anne Sexton, William Shakespeare (vertreten durch Sir John Gielgud), Wallace Stevens, Dylan Thomas, J.R.R. Tolkien, John Updike, Kurt Vonnegut u.a.
http://town.hall.org/Archives/radio/IMS/HarperAudio/

Calendar Server

Der Kalender-Server erstellt komplette Kalender für jedes gewünschte Jahr zwischen 1754 und 4000 n. Chr.
http://www.stud.unit.no/USERBIN/steffent/kalender.pl

This day in Literary History

Ein Literaturkalender voller Jahresdaten und Anekdoten, z.B. vom 30. April: 1844: Bei einem Angelausflug in die Umgebung von Concord verursacht Henry David Thoreau unabsichtlich einen Waldbrand. 300 Acres verbrennen, der Schaden beläuft sich auf 2000 Dollar. – 1877: Alice B. Toklas in San Francisco geboren. – 1936: Der Dichter A.E. Housman stirbt mit 77. Auf dem Sterbebett erzählt ihm sein Arzt einen schmutzigen Witz. Housman erwidert: »Der war gut. Den erzähle ich morgen im Himmel.«
http://www.yasuda-u.ac.jp/LitCalendar.html

Erinnerung und Nachruhm

»The Obituary Page« – der virtuelle Friedhof (z.B. »Janet Wilder, Stuntwoman 1966 – 19.12.1995«), mit Links zum »Museum der Mumien« im mexikanischen Guanajuato und zu »Eternal Surf«.
http://catless.ncl.ac.uk/Obituary/

5. Netz-Werke: Internet- und Hypertext-Literatur

Die Möglichkeiten, die die HTML-Sprache (Hypertext Markup Language) bei der Verbindung von Texten und Bildern und vor allem bei der Installation von unmittelbar aktivierbaren Querverweisen bietet, haben eine neue poetische Gattung mitsamt der zugehörigen Theorie hervorgebracht: die Hypertext-Literatur. An die Stelle des linearen Erzählstrangs tritt hier das Geflecht der Verzweigungen, in dem sich der Leser vor und zurück und nach verschiedenen Seiten bewegen, in dem er »interaktiv« zwischen verschiedenen Handlungsvarianten wählen kann. Im folgenden sind neben Hinweisen auf konventionellere Formen von Internet-Literatur auch einige Beispiele für diese neue Art von »offener Form« und für die Diskussionen, die sie entfacht, versammelt. Ein idealer Ausgangspunkt für alle, die die literarischen Möglichkeiten von Hyperlinks erkunden wollen, ist die Seite:

Hyperizons

Eine kritisch kommentierte Bibliographie hochklassiger Beispiele von Hypertext-Literatur und Aufsätzen zu ihrer Theorie und Technik.
http://www.duke.edu/~mshumate/hyperfic.html

Greguerías

Eine von dem spanischen Schriftsteller Ramon Gomez de la Serna (1891–1963) inspirierte Abfolge surrealer Bild- und Textfragment-Tafeln. Von besonders schöner Rätselhaftigkeit ist das Schwarzweißbild auf Tafel 7 zu

dem Satz »Im Angesicht der Schönheit ist Gott ein Sakrileg« – der Schoß einer Frau? ein Atompilz über dem Gebirge? ein Big-Mac?
http://samson.mbis.de/campus/mydream/

Lyrik-Maschine von Martin Auer

»In ihrem n-dimensionalen Raum simuliert sie die assoziative Verknüpfung der poetischen Formeln im Gedankenuniversum des Dichters. Klar?«
http://ourworld.compuserve.com/homepages/Poetry_machine/_start.htm

Hypertext-Experimente des Florida Research Ensemble

angeregt und angeleitet von dem Netz-Avantgardisten Gregory Ulmer: »Vernacular Theory«, »Fetishturgy«, »Florida Tableaux«, »Electronic Monumentality«, »Cyberpidgin« und »Mystory«.
http://www.ucet.ufl.edu/~gulmer/

George P. Landows Homepage

George P. Landows ist in Amerika einer der großen Theoretiker der Hypertextliteratur. Seine Homepage bietet Informationen über sein Buch »Hypertext« (siehe Literaturverzeichnis), außerdem einige online zugängliche kleinere Artikel und unter der Rubrik »Family Matters« Hinweise auf die gestrickten und gehäkelten Hüte, die seine Frau – ebenfalls im Hypertextmodus – der Internet-Gemeinde zum Kauf anbietet.
http://www.stg.brown.edu/projects/hypertext/landow/cv/landow_ov.html

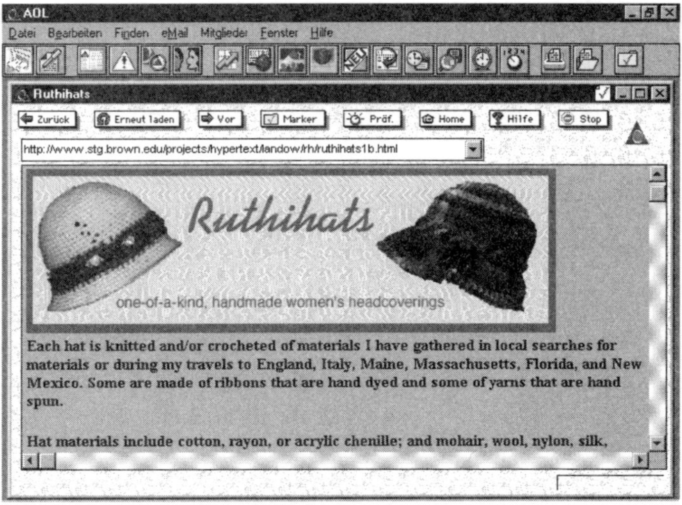

Neue Hüte, handgestrickt.
Von der George P. Landows-Hypertext-Homepage

Olaf Koch-Web

Animierte Gedichte (»Dynadichte« und »Gedilme«) eines im Geiste Ernst Jandls und der konkreten Poesie arbeitenden lyrischen Programmierers und programmierenden Lyrikers.
http://www.well.com/user/olafkoch/

»Uns geht es darum,
mit ganz unterschiedlichen Leuten einen Multimediatext zu entwerfen und damit eine **neue Ära** der Literatur einzuleiten.«

Das virtuelle Programm einer »virtuellen Novelle« (oder vielleicht doch einer »virtual novel«?), die sich unter dem Titel »Spielzeugland« auf einem Rechner der Heinrich-Heine-Universität Düsseldorf zu verzweigen begonnen hat.

http://www.public.rz.uni-duesseldorf.de/~karlowsk/spiel.html

Rückwärts wie vorwärts
»Are we not drawn onward, we few, drawn onward to **new era?«**

Aus: A Collection of Favorite Palindromes

http://www-chaos.umd.edu/cooldudes/barreto/palindromes.html

Gemischtes Doppel

Kriminalroman von Leo A. Pard und Michael Illner. Ein Kriminalhauptkomissar a.D. stand den Autoren mit seinem Rat zur Seite. Trotzdem sind Opfer, Täter und Ermittler dieses im wiedervereinigten Berlin spielenden Romans, der sich auf dem Bildschirm leider extrem langsam entrollt, frei erfunden.
http://www.grafit.de/gr_025/gr_025a1.html

Emil Zopfi

Der 1943 geborene Schweizer Schriftsteller stellt auf dieser exemplarischen Homepage seine Arbeit und seine vielfältigen Projekte vor und hält eine ganze Anzahl von Kolumnen und Artikeln über Computer und ihre

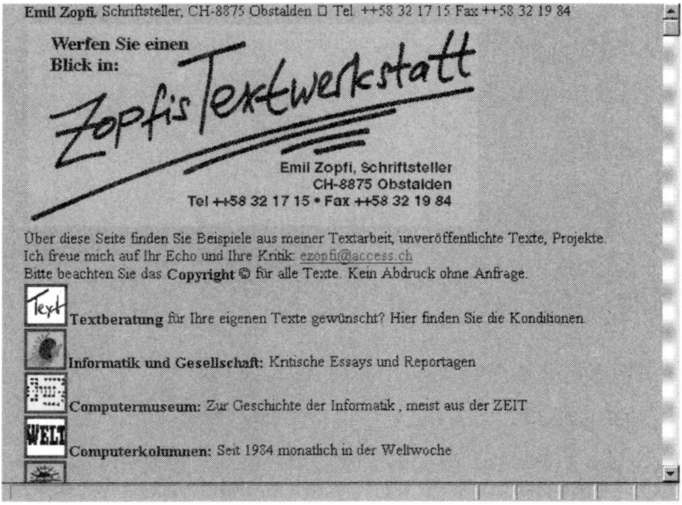

Geschichte bereit, die er in den letzten Jahren für die »Zeit« und für die Züricher »Weltwoche« geschrieben hat.

http://www.access.ch/zopfi/

6. Literaturzeitschriften

Deutschsprachige Zeitschriften

Der brennende Busch

»In der Badewanne lesen kann man ihn jedenfalls nicht.«
http://www2.netdoor.com/~busch

Context 21

Ein Internetforum für Literatur, Kunst und Gesellschaft, unter besonderer Berücksichtigung der österreichischen Szene(n).
http://www.giga.or.at/others/context21

Elektromagazin. Paketweise Kultur und Diskussion

Von Hermann Rotermund und Albert Sellner professionell gemachtes deutsches E-Zine: Medienwandel, Literatur im weitesten Sinne, Kunst, Philosophie, Religion sind die Schwerpunkte, und immer wieder erfreut der »Immerwährende Heiligenkalender«. Zum freien Download sind auch einige Bücher aus dem Eichborn Verlag erreichbar, unter anderem Douglas Rushkoff, »Media-Virus. Die geheimen Verführungen in der Multi-Media-Welt«.
http://www.deutschland.de/el_mag/

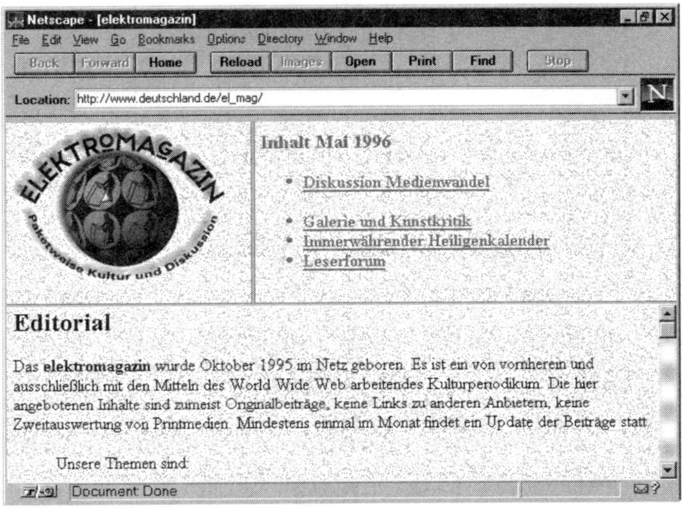

Gegen@nfang

»Schrift für neue Laute.«
http://www.rz.uni-frankfurt.de/~stillich/

HUNDSPOST – Eine Zeitung voll Literatur

http://www.jura2.uni-hamburg.de/~thorsten/hund/

Lettre international

Die Web-Präsentationsseite der europäischen Kulturzeitschrift im Tabloid-Format mit Inhaltsübersicht und einigen wenigen Textproben.
http://www.lettre.de/

Literatur und Medien

Experimente mit digitalisierter Hypertext-Literatur unter dem Motto »Wörter brauchen keine Seiten«.
http://www.thing.or.at/thing/literaturmedien/

Neid

»Thematisch ist für ›Neid‹ die theor(et)i(sch)e-kritische Beschäftigung mit medialen Produktions-/Identifikationsformen, die subkulturelle Durchdringung des Raumes der Geschlechterrepräsentationen und die Virtualisierung der ästhetischen Praxis.« Um den Schreck zu mildern, wird zu jeder Veröffentlichung eine »Release Party« oder Music Session veranstaltet.
http://www.thing.de/neid/welcome.html

Netville – Bookware – deutschsprachiges Literaturmagazin

Online-Magazin für Literatur mit Archiv, Bibliothek und Salon (für Diskussionen per E-Mail). Unter dem Stichwort »Storyline« entstehen hier gleichzeitig mehrere Geschichten in kollektiver Arbeit, und wer sich berufen fühlt, ist eingeladen, mitzuschreiben an: »Blütenstaub (german pulp fiction)« oder »Venezianischer Herbst (konventionell, offen)« oder »Anderswo oder anderswie (ein wenig kafkaesk)«.
http://www.netville.de/artware/bookware/bookware.html

Nordnordwest

Magazin zur apokryphen Anakreontik. »Das Organ jener Menschen, die sich ein Vergnügen machen, Texte

auf die Welt loszulassen, die sie für halbwegs gelungen halten«. [sic]
http://www.t0.or.at/~thomash/nnw/

Park&Read

Literatur im Internet, herausgegeben von Lars Zinner.
http://sunserver1.rz.uni-duesseldorf.de/~zinner/

Der Salbader

Trotz des Namens: die gewitzteste unter den deutschen Netz-Zeitschriften, die ich gesehen habe – von Bov Bjerg, Hinark Husen, Manfred Maurenbecher, Hans Duschke, Horst Evers und anderen mit viel Sinn für Irrsinn dargeboten.
http://www.fb1.fhtw-berlin.de/people/s78136/salbader/salbader.htm

Tabula Rasa. Jenaer Zeitschrift für kritisches Denken

Herausgegeben von Studenten des philosophischen Instituts der Schiller-Universität Jena. »Auch wenn wir manche hier auffindbaren Gedanken als Krabbelversuche gekennzeichnet haben, bedeutet das nicht, daß sie schlecht seien oder wir sie dafür hielten.«
http://www.uni-jena.de/~xnx/tabula_rasa.html

The Thing, Wien

Sammelpunkt von Kunst- und Literaturprojekten: News, Projekte, Kooperativen, Shows, Magazine, außerdem Texte zur Medienrevolution.
http://www.thing.or.at/thing/

TightRope: science philosophy art

Ein von Jens Geelhaar an der Universität Saarbrücken koordiniertes »experimentelles Forum für künstlerische, philosophische und soziale Themen« in deutscher und englischer Sprache.
http://www.phil.uni-sb.de/projekte/HBKS/TightRope/

Der Wandler, Konstanz

»Nun ist es nicht immer der Wille der Redaktion, sondern einfach der Zufall, der die Heftkonzeption macht...« (Aus dem Editorial zu Nr. 16, Herbst/Winter 1995)
http://www.swbv.uni-konstanz.de/wwwroot/euregio/text/wandler.html

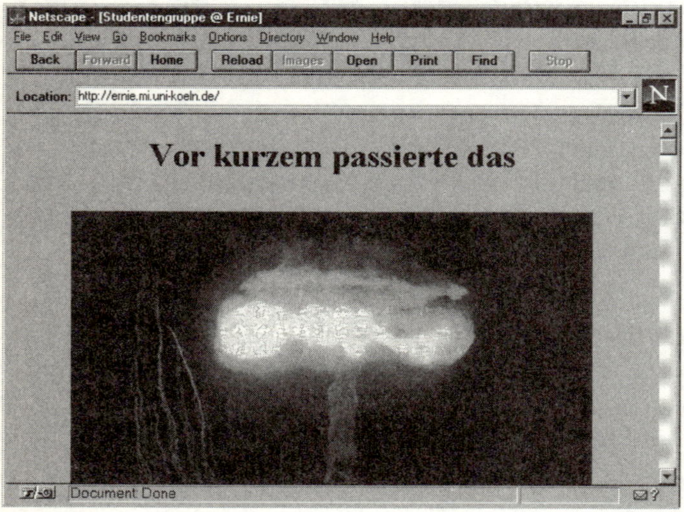

Zyn!: Supergau auf dem Satire-Server

ZYN! Satiremagazin

Der thermonukleare Erstschlag, dem »Ernie«, der Kölner Server von »Zyn!«, am Montag, dem 25.März 1996 zwischen 18 und 19 Uhr zum Opfer fiel, war nicht, wie ich zunächst annahm, redaktionelle, sondern reale Satire: die Boot-Festplatte war kaputtgegangen, und Sicherungskopien der älteren Seiten gab es längst nicht mehr, weil schon Monate vorher die Backup-Bandmaschine ausgefallen war. Alles in allem also eine große Inspiration zu neuer »unsolider Zyn!-Satire«.
http://Ernie.MI.Uni-Koeln.DE/ZYN!/

Zeitschriften in anderen Sprachen

The Acid-free Paper

Eine kanadische Netz-Zeitschrift für Kunst, Literatur und Netzkultur
http://tnt.vianet.on.ca/pages/smithk

Bloody Alley

Das Magazin des »Vancouver Echo« für Pop-Kultur, Sex, Tod und persönliche Bestätigung.
http://www.vannet.com/vanecho/magazine.htm

Books² Read

»Our goal is to raise the visibility for creative fiction authors and their work.«
http://www.b2r.com

Cyberkind – prosaics and poetics for a wired world

Cyberkind versteht sich als Chronik einer neuen Gesellschaft – der Netzwelt.
http://sunsite.unc.edu/shannon/ckind/title.html

Enterzone

»Not interested in serendipity? Take the path of the least resistance.« Wer jedoch den Weg des geringsten Widerstandes geht, dem entgeht manches in dem vielseitigen Geflecht von »hyper-web-text-media-zine-art«.
http://ezone.org:1080/ez/

InterText

Ein seit 1991 alle zwei Monate erscheinendes Online-Literaturmagazin: »mainstream stories / fantasy / horror / science fiction / humor.«
http://www.etext.org/Zines/InterText/

Mississippi Review Web

Eine monatlich erscheinende, vom Center of Writers der University of Southern Mississippi herausgebene Literaturzeitschrift.
http://sushi.st.usm.edu/mrw/

La Rafale – la gazette de l'idiot du village (global)

Eine französische Zeitschrift der Unter- und Gegenkultur, gegründet am 29. November 1995, 1 Uhr 28

(Ortszeit), die mit dem Surrealisten Pierre Naville den »Pessimismus organisieren« und das Internet als eine »Zone zeitweiliger Autonomie« nutzen will: »Amis de l'agit-prop et des webs bizarros, bienvenu ici. Dans ce site qu'un certain Bill G., milliardaire de Seattle, ne pourra jamais s'offrir.«
http://www.imaginet.fr/rafale

Wie ein Schreiner
»Lesen, lesen, lesen. Alles lesen – Schund, Klassiker, Gutes und Schlechtes, und darauf achten, wie es gemacht ist. Wie ein Schreiner, der als Lehrling arbeitet und sich nach Kräften schult. Lies! Es wird haften bleiben. Dann schreib. Wenn es gut ist, wirst du es merken. Wenn nicht, wirf es aus dem Fenster.« William Faulkner
http://www.interlog.com/~ohi/inkspot/quotes.html

7. Schreibtisch

inkspot – Writer's Resources on the Internet

Eine umfangreiche Sammlung von Web-Adressen für alle, die schreiben und mit oder an Büchern arbeiten. Informationen über die Branche (Agenten, Verlage, Promotion), über Copyrightfragen, Schriftstellerverbände, Autorengruppen sind ebenso zu finden wie Anregungen aus der Tradition der »Creative Writing«-Kurse der amerikanischen Colleges, die mitunter besser sind, als man es sich im Land der Originalgenies vorstellen mag. Ein »Bücherbord des Schriftstellers« gibt es ebenso wie eine Zusammenstellung von »inspirierenden Zitaten«.
http://www.inkspot.com/~ohi/inkspot/home.html

Im übrigen ein gewöhnlicher Schreibtisch...
»Man stelle sich einen künftigen Apparat für den individuellen Gebrauch vor, eine Art mechanisierter privater Kartei und Bibliothek. Er braucht einen Namen – nennen wir ihn also auf gut Glück ›Memex‹. Der Memex ist ein Gerät, in dem ein Indiviuum alle seine Bücher, Aufzeichnungen und Mitteilungen speichert und das technisch so ausgestattet ist, daß es mit sehr hoher Geschwindigkeit und Flexibilität befragt werden kann. Es ist eine Erweiterung und Ergänzung seines Gedächtnisses und steht mit diesem in enger Beziehung.

Der Memex besteht aus einem Schreibtisch – ist also, auch wenn er vermutlich aus der Entfernung gesteuert werden kann, in erster Linie ein Möbelstück, an dem das Individuum arbeitet. An seiner Oberseite sind verschiedene Leuchtschirme schräg angebracht, auf die Material zur bequemen Lektüre projiziert werden kann. Es gibt eine Tastatur und Reihen von Knöpfen und Hebeln. Im übrigen sieht er aus wie ein gewöhnlicher Schreibtisch.«

Vannevar Bush, »As We May Think«, Juli 1945.

http://www.isg.sfu.ca/~duchier/misc/vbush

Purdue's Virtual Reference Desk

Ausgangspunkt für Verbindungen zu Nachschlagewerken unterschiedlicher Art: amerikanische Regierungsdokumente, Wörterbücher, Abkürzungs(Akronym)-Verzeichnisse, Telefonbücher, Landkarten, Kalender, Tabellen für Maße und Gewichte, die chemischen Elemente...

http://thorplus.lib.purdue.edu/reference/

Aquarius. Übersetzer- und Dolmetscherverzeichnis

Ein internationales, in Amsterdam koordiniertes, Namen- und Adressenverzeichnis, das nach Ausgangssprache, Zielsprache, Spezialgebieten und Wohnort der Übersetzer abfragbar ist. Von der Homepage ist ein Formular erreichbar, mit dem sich jeder in die Kartei eintragen kann. Die Benutzung ist kostenlos, Spenden sind willkommen.

http://www.xs4all.nl/~jumanl/

The Translator's Home Companion

Eine Web-Baustelle, an der leider seit Monaten keine Tätigkeit mehr herrscht: Hinweise auf internationale Nachrichtendienste, auf Bibliothekskataloge, auf asiati-

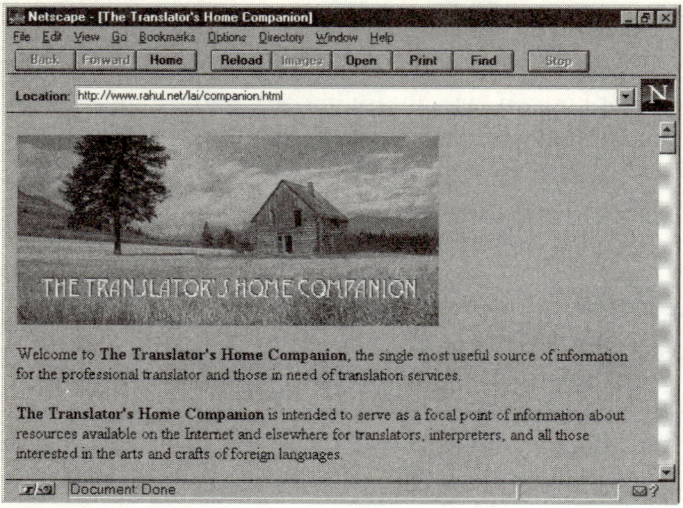

Ein (zeitweilig?) verlassener Platz

sche und lateinamerikanische Ressourcen für Übersetzer, Übersetzungsagenturen und amerikanische Übersetzerverbände.
http://www.rahul.net/lai/companion.html

La N – The Interpreters Page

Eine Web-Seite vor allem für jene Übersetzer, die mit dem Spanischen und dem Englischen umgehen. Eine ständige Rubrik ist die »Herausforderung der Woche«. Eingesandte Lösungen werden verglichen, die beste wird lobend herausgestellt.
http://www.catch22.COM/~ashley/

Traduttore – traditore
»Deshalb, Leute, die glauben, dass Computer werden nicht können, wie Menschen zu denken, auch glaubt nicht in Maschine-Übersetzung.«
Aus einem Beitrag der Newsgroup »Netzwesen«, Januar 1996
news:de.soc.netzwesen

Die Newsgroup Translations

Das Schwarze Brett der Übersetzer. Fragen stellen, Fragen beantworten, Rat holen, Rat geben – kreuz und quer durch alle Sprachen – das alles ist hier möglich.
news:sci.lang.translation

8. Bücherschrank

Nachschlagewerke

Davis' Free Internet Encyclopedia

Diese Enzyklopädie ist das interessanteste und vielleicht aussichtsreichste unter den Internet-Nachschlagewerken, ein Lexikon, das aus unmittelbar aktivierbaren Verweisen auf Informationen besteht, die an ganz unterschiedlichen Orten im Netz gespeichert sind. Die in der »MicroReference« (10k) aufgeführten Stichworte stellen unmittelbar Hypertext-Verbindungen zu einschlägigen, von der Redaktion ausgewählten Web-Seiten her, die ihrerseits oft wiederum weiterführende Verknüpfungen enthalten. Die findigen Herausgeber, Clif Davis und Margaret Adamson Fincannon, erklären be-

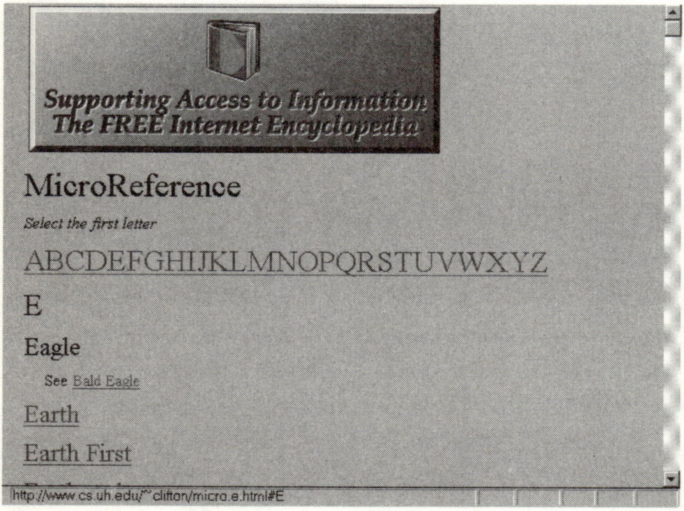

Davis' Free Internet Encyclopedia

scheiden, ihr freies Internet-Lexikon weise hinsichtlich der Erfassung unserer Welt nicht etwa (noch) riesige Lücken auf, sondern enthalte nur eine Anzahl von Artikeln, die andeuten, wo (dereinst) solche Lücken klaffen werden.

http://www.cs.uh.edu/~clifton/encyclopedia.html

Global Encyclopedia

Ein kleines Internet-Lexikon, das einmal ein ganz großes werden will und dazu auf die Beteiligung der interessierten Benutzer setzt. Der Thesaurus, die Liste der vorgesehenen Stichworte, wirkt ein wenig grobgeschnitzt, ist aber ergänzbar. Alle eingehenden Artikel werden auf ihre Genauigkeit geprüft und lektoriert. Die Arbeit an dieser interessanten »Baustelle« im Internet wurde am 31. März 1995 aufgenommen. Bis Anfang 1996 sind etwa 150 Artikel online erschienen. Auffällig sind die starken Unterschiede in Umfang und Ausführlichkeit: 4 magere Zeilen handeln

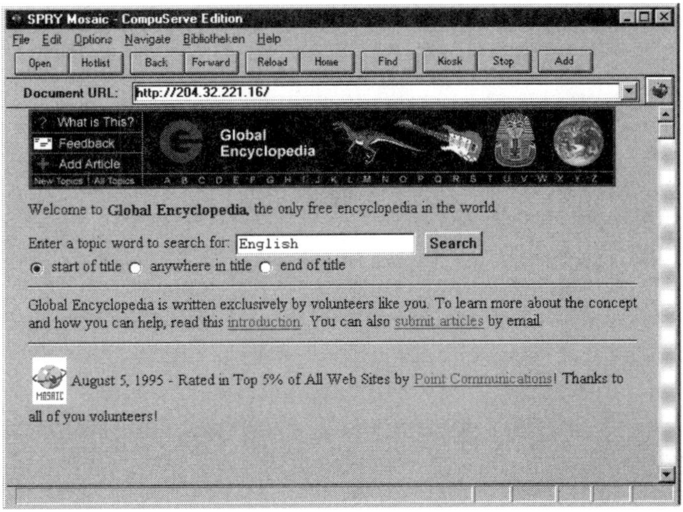

von Esperanto, 10 lesenswerte Bildschirmseiten dagegen von Euklid.
http://204.32.221.16/

Encyclopedia Britannica online

bietet nicht nur die bekannten ausführlichen Artikel zu Stichwörtern, sondern auch Tausende von Illustrationen, Diagrammen, Karten und Photos. Querverweise innerhalb der Artikel sind als Hypertext-Links angelegt, und am Ende vieler Artikel finden sich unmittelbar aktivierbare Verbindungen zu anderen Internet-Sites, die weitere Informationen bereithalten. Das Lexikon wird ergänzt durch das »Britannica Book of the Year« und das »Merriam-Webster's Collegiate Dictionary«. Umsonst ist diese Fülle allerdings nicht. Privatleute zahlen pro Jahr stolze 150 US-$ (und eine einmalige Subskriptionsgebühr von 25 US-$), Firmen zahlen das Doppelte und Studenten 120 US-$. Umsonst (von Provider- und Telefongebühren abgesehen) ist nur die Führung durch die Möglichkeiten dieses umfangreichen Online-Lexikons. Sie endet beim Subskriptionsformular, das sich gleich online ausfüllen läßt. Kostenloses, unverbindliches Probelesen für sieben Tage ist möglich.
http://www.eb.com/

Meyers Lexikon. Das Wissen von A-Z

Ein (viel kleineres) deutschsprachiges experimentelles Online-Konversationslexikon mit 44.000 Artikeln und 12.000 Links, das gratis zur Verfügung steht – allerdings immer nur maximal drei Benutzern gleichzeitig.
http://hyperg.tu-graz.ac.at/0x811b0205_0x000d2996;sk=690F24F8

Encyclopedia Mystica

Ein englischsprachiges Lexikon zur Mythologie, Magie und Sagenwelt aller Zeiten und Länder, das nach Aussage des Herausgebers M.F.Lindemans nicht dem Mystizismus und Okkultismus huldigt, sondern informative Artikel über Einhörner, Gnome, Drachen, griechische und nordische Götter bietet. Alle Interessierten sind eingeladen, durch Vorschläge und eigene Beiträge an der Ergänzung des Lexikons mitzuwirken.
http://www.pantheon.org/myth/

Greek Mythology

John M. Hunt stellt hier die Gestalten und Geschichten der griechischen Götter- und Heroenwelt vor.

> **Adult Material**
> »Ich weiß, daß unter den Besuchern meiner Webseite viele Kinder sind, und ich hoffe, daß sie, wie alle anderen, dabei etwas lernen. Ich bin nicht darauf aus, zu schockieren oder aufzuregen, aber es ist nun mal so, daß in den griechischen Mythen häufig Motive vorkommen, die als Material für Erwachsene gelten. Vergewaltigung, Inzest, Verwandtenmord, Kannibalismus, Sodomie und Homosexualität sind nichts Ungewöhnliches. Ich wüßte nicht, wie ich diese Mythen, die zur Grundlage der Geschichte des Abendlandes gehören, darstellen soll, ohne diese Motive zur Sprache zu bringen. Wenn die Bestimmungen des ›Communications Decency Act‹ in dem neuen Telekommunikationsgesetz in Kraft treten, wird diese Webseite schließen müssen.« John M. Hunt, »Greek Mythology«

http://www.intergate.net/uhtml/.jhunt /greek_myth/ greek_myth.html

Jones Digital Century Update

Die Ergänzungsartikel zur »Jones Multimedia Encyclopedia«, einem ausführlichen Lexikon über die Kultur- und Technikgeschichte der diversen Medien, das auf CD-Rom erhältlich ist, werden vorab im Internet publiziert – unter den Stichworten wie: Crime on the Internet, The Phonograph, Printing: History and Development, Virtual Reality, Cyber Sleuthing, Computers: History and Development.
http://www.digitalcentury.com/encyclo/update/

Bartlett: Familiar Quotations

Die Ausgabe von 1901 des amerikanischen Büchmann.
http://www.columbia.edu/~svl2/bartlett

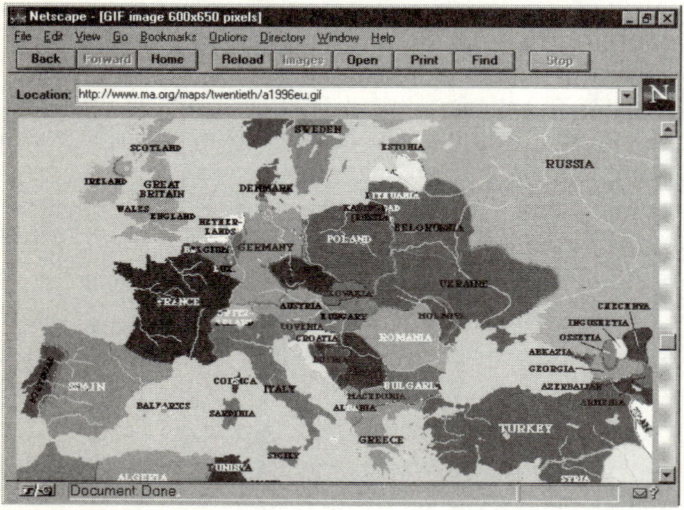

Europa gestern nachmittag. Aus Tony Belmontes Geschichtsatlas

Historischer Atlas für Europa und den vorderen Orient

Zu jeder Epoche zwischen 3000 v. Chr. und dem 20. Jahrhundert n.Chr. hat Tony Belmonte in seinem Geschichtsatlas mehrere, allerdings nicht sehr detailreiche Karten angelegt. Die letzte Karte zeigt: »Europa gestern nachmittag«.
http://www.ma.org/maps/map.html

CIA-Factbook 1995

Daten zu geographischen, wirtschaftlichen, sozialen und politischen Gegebenheiten in den Ländern dieser Welt. Die Länder sind einzeln aufrufbar – GAZA STRIP, »etwas mehr als doppelt so groß wie Washington,DC« und GERMANY, »etwas kleiner als Montana«, ebenso wie die GLORIOSO ISLANDS, »etwa 8,5fache Größe der ›Mall‹ in Washington,DC«. (Für alle, die mehr über die Glorioso Islands oder Iles Glorieuses wissen wollen, hier einige, aber keineswegs alle Einzelheiten. Klima: Tropisch, gelegentlich Wirbelstürme. Wald: 0 %. Landwirtschaftliche Nutzfläche: 0 % Natürliche Ressourcen: Guano, Kokosnüsse. Wirtschaftliche Aktivität: keine. Bevölkerung: unbewohnt. Flughäfen: einer mit einer unbefestigten Landebahn im Bereich 914-1523 m Länge).
http://www.odci.gov/cia/publications/95fact/index.html

Diderots und d'Alemberts »Encyclopédie«

Zunächst nicht mehr als ein Experiment der University of Chicago. 250 Artikel des großen Nachschlagewerks der Aufklärung (in Französisch) sind über ein Suchformular aufrufbar.
http://tuna.uchicago.edu/forms_unrest/ENC.query.html

Roget's Thesaurus

Das autoritative Wörterbuch der Synonyme und bedeutungsverwandten Wörter im Englischen.
gopher://odie.niaid.nih.gov/77/.thesaurus/index

Wörterbücher

On-Line Dictionaries

Große Liste von Wörterbüchern auch von »kleineren«, exotischen Sprachen, zusammengestellt von Robert Beard.
http://www.bucknell.edu/~rbeard/diction.html

Englische Wörterbücher aller Art

Verbindungen zu diversen Diktionären (englisch <-> englisch, englisch <-> amerikanisch, englisch <-> deutsch usw.).
http://www.uni-passau.de/forwiss/mitarbeiter/freie/ramsch/englisch.html

Kein Zufall – Betrachten Sie diese Statistik
»About 75% of all post and faxes are in English.

About 50% of all business transactions are done in English.

80% of computer data is stored in English.

All official air and sea radio communications are conducted in English.

Most internet pages are in English.

International bodies like the Olympic Committee conduct their business in English.

The Voyager 1 spaceprobe contains a message from the United Nations in English.

This has not come about by chance...«

Aus dem Artikel »English (Language)« der »Global Encyclopedia«

http://204.32.221.16/

LEO-Dictionary German <-> English

Ein wirklich brauchbares, leicht zu benutzendes, in beiden Richtungen funktionierendes Wörterbuch mit z.Zt. 120 000 Einträgen, das sich durch tätige Mitarbeit der Benutzer ständig erweitern kann! Jeder, der ein Wort nicht findet, ist eingeladen, dies der Redaktion per E-Mail mitzuteilen, die sich dann um Ergänzung bemühen wird. Deutsch-englische Wörterlisten mit Erweiterungsvorschlägen sind ebenfalls jederzeit willkom-

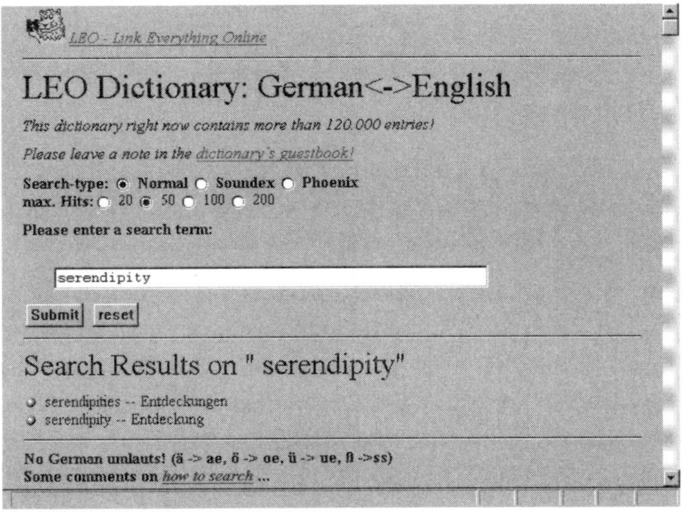

Auf der Suche nach der Serendipität (siehe S. 24)

men. Auch werden Freiwillige zur Bearbeitung von einzelnen neuen Abschnitten des Wörterbuchs gesucht.
http://www.leo.org/cgi-bin/dict-search

Webster's English Dictionary

http://c.gp.cs.cmu.edu:5103/prog/webster

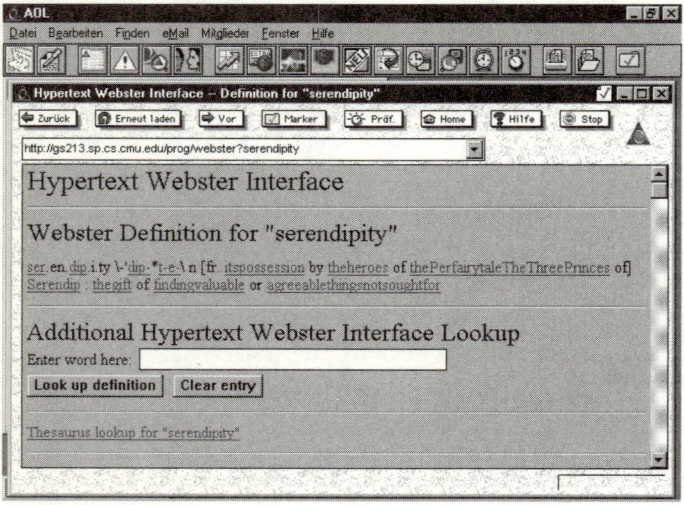

Serendipität im Webster-Interface

Logos Multilingual Dictionary

Ein in Italien koordiniertes vielsprachiges Wörterbuch, das zugleich als Aushängeschild einer internationalen Übersetzungsagentur dient, der »Logos-Group«, mit einer nicht nur grafisch sehr eindrucksvollen Preisliste.
http://dictionary.logos.it/query.html

Echo-Eurodictautom

Multilinguales Wörterbuch in der (langsamen) Versuchsphase. Ausgangs- und Zielsprache sind bei der Wörtersuche unter den folgenden frei wählbar: Dänisch, Deutsch, Englisch, Französisch, Holländisch, Italienisch, Portugiesisch, Spanisch.
http://www.uni-frankfurt.de/~felix/eurodictautom.html

Fremdsprachen für Reisende

Ein Programm zum Erlernen elementarster Wortschätze (Grundlegende Wörter / Zahlen / Einkaufen und Essen / Reise / Richtungen / Orte / Zeiten und Daten) in fast allen europäischen Sprachen sowie Bengali, Hebräisch, Esperanto und Latein. Der Benutzer gibt zunächst an, welche Sprache er selbst spricht, und wählt dann die Sprache, in der er sich kundig machen möchte. Wer über eine Soundkarte verfügt, dem wird auch eine akustische Aussprachehilfe zuteil.
http://www.travlang.com/languages/

Österreichisches Deutsch

Ein Wörterbuch von 399 für bundesdeutsche Ohren mehr oder minder bizarren und dennoch deutschen Vokabeln mit Hilfsübersetzungen ins »Hochdeutsche«, z.B. pledern = sich schnell und geräuschvoll fortbewegen; pomali = langsam, gemächlich; tschali = weg (mein letzter Schilling ist tschali 'gangen); tulli = besonders gut, ansprechend.
http://germ2.uibk.ac.at/germ/OeWB/

Internet-Glossar

Ein mehrsprachiges Wörterbuch für die Vokabeln des Internet: Sacherklärungen enthält die englische Wörterliste, von der aus Übersetzungen (soweit es sich um solche handelt) in anderen Sprachen (deutsch, französisch u.a.) angeklickt werden können.
http://dragon.wwli.com/translation/netglos/netglos.html

The Jargon File 3.0.0.

Das Erbe (»heritage«) des Hackerwesens (»hackerdom«) in Gestalt eines gewitzten, alphabetisch gegliederten Wörterbuchs für Eingeweihte und Neugierige mit anekdotischen Erläuterungen und gründlicher Selbstironie. Appendix B eröffnet ethnographische Einblicke in die Kultur der Hacker: Kleidung und Ernährungsweise, Lesegewohnheiten und sexuelle Gepflogenheiten, Vorlieben, Abneigungen und Schwächen der Hackerpersönlichkeit etc.
http://wwwF.phil.uni-sb.de/fun/jargon/index.html

Sprechen kann man mit den Nomaden nicht. Unsere Sprache kennen sie nicht, ja sie haben kaum eine eigene. Untereinander verständigen sie sich ähnlich wie Dohlen. Immer wieder hört man diesen Schrei der Dohlen. Unsere Lebensweise, unsere Einrichtungen sind ihnen ebenso unbegreiflich wie gleichgültig. Infolgedessen zeigen sie sich auch gegen jede Zeichensprache ablehnend. Du magst dir die Kiefer verrenken und die Hände aus den Gelenken winden, sie haben dich doch nicht verstanden und werden dich nie verstehen. Oft machen sie Grimassen; dann dreht sich das Weiß ihrer Augen und

Schaum schwillt aus ihrem Munde, doch wollen sie damit weder etwas sagen noch auch erschrecken; sie tun es, weil es so ihre Art ist. Was sie brauchen, nehmen sie. Man kann nicht sagen, daß sie Gewalt anwenden. Vor ihrem **Zugriff** tritt man beiseite und überläßt ihnen alles.

Franz Kafka, »Ein altes Blatt«

http://www.abc.de/gutenb/kafka/altesbla.htm

Alternative Dictionaries

Flüche, Slang und grobe Reden in mehr als fünfzig Sprachen. Wenn stimmt, was Adorno irgendwo notiert hat: daß sich die obszönen Wörter einer fremden Sprache fast von selbst verstehen, sollten die folgenden aus dem Esperanto eigentlich niemandem Schwierigkeiten bereiten: amori / anusulo / bugri / Fek! / feki / fiki / fingrumi / frandzi / furzi / kaco / kaki / midzi / patrinfikulo / publikulino / pungo / seksumi.
http://www.notam.uio.no/~hcholm/altlang/

Deutsche Gesetze

im elektronischen Wortlaut, mit einer Maske zur Stichwortsuche: Grundgesetz, Strafgesetzbuch, Urheberrecht und vieles mehr, für das Web bearbeitet von Angela Schmidt, die um gerechten Lohn für ihre Mühe bittet.
http://SunSite.Informatik.RWTH-Aachen.DE/germlaws/

Das Buch der Bücher

Das Wort
»...Alles wurde durch dasselbe, und ohne dasselbe wurde auch nicht eines, das geworden ist. In ihm war das Leben, und das Leben war das Licht der Menschen. Und das Licht scheint in die Finsternis, und die Finsternis hat es nicht erfaßt.« Johannes (1,3-5). Nach der Elberfelder Bibelübersetzung.
http://hyperg.tu-graz.ac.at/0x811b9908_0x000773f7;sk=B30D076D

Die Luther-Bibel

Von einem Inhaltsverzeichnis gelangt man zu den einzelnen Büchern des Alten und des Neuen Testaments. Eine Maske erlaubt die schnelle Suche nach Stichworten und Zitaten.
http://nobi.ethz.ch/bibel/buecher.html

Elberfelder Bibelübersetzung

Die verschiedenen Bücher der Bibel lassen sich einzeln aufrufen und herunterladen. Querverweise per Hyperlink.
http://hyperg.tu-graz.ac.at/0x811b9908_0x000773f7;sk=B30D076D

außerdem auch unter der Adresse:
gopher://wiretap.spies.com:70/11/Library/Religion/Bible/German

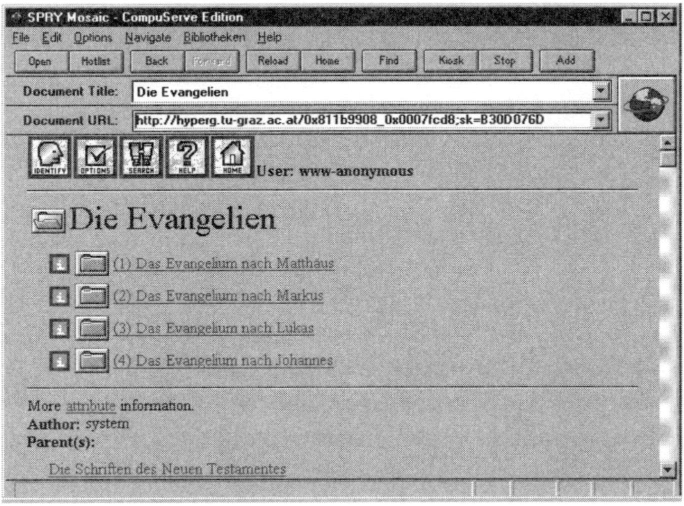

Das Neue Testament in der Elberfelder Übersetzung auf dem Server der Technischen Universität Graz

The WWW-Bible Gateway

Die Bibel in sieben Sprachen: Lateinisch, Deutsch, Englisch, Französisch, Spanisch und Tagalog (unvollständig).
http://www.gospelcom.net/bible

King James version of the Bible

Die klassische englische Bibelübersetzung. Der Text läßt sich online durchsuchen.
gopher://ccat.sas.upenn.edu:3333/11/Religious/Biblical/KJVBible

9. Im Babel der Bibliotheken

Bibliotheken, Bücher, Berichte

Dieses Verzeichnis der deutschsprachigen abfragbaren Bibliothekskataloge nach Städten und Fachgebieten hält Markus Neteler aktuell.

http://www.geog.uni-hannover.de/iln/bibliotheken/bibliotheken.html

Weiner's Bibliotheksgesetz
»Es gibt keine Antworten, es gibt nur Querverweise.«
http://www.lexmark.com/data/quote-15.html

Deutsche Bibliothek Frankfurt / Deutsche Bücherei Leipzig

Auf ihren Web-Seiten informiert die Deutsche Bibliothek über ihre Struktur, über Veranstaltungen, über

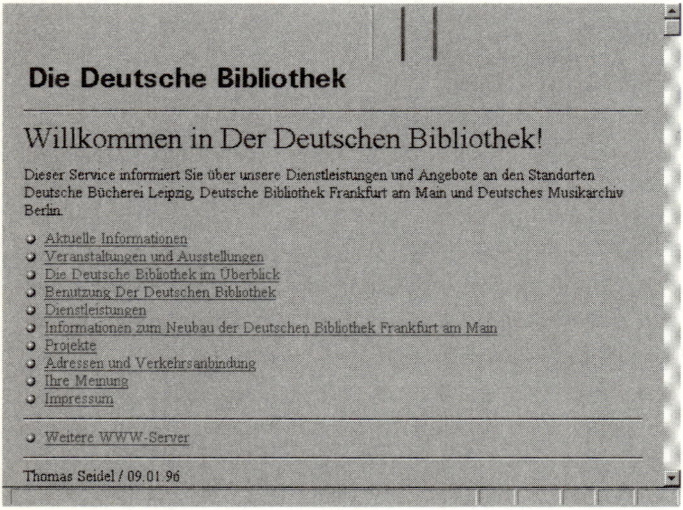

Projekte, über den kurz vor der Vollendung stehenden Neubau in Frankfurt und über die Möglichkeiten zur Online-Katalogrecherche in Leipzig. Unter den Projekten besonders bemerkenswert: die Bibliotheca Universalis. Einem Beschluß der Ministerkonferenz der sieben wichtigsten Industriestaaten (G7) zufolge soll sie einmal die Hauptwerke kulturellen und wissenschaftlichen Arbeitens in den Originalsprachen versammeln. Die Deutsche Bibliothek übernimmt den deutschen Part und plant die Digitalisierung von etwa 1000 Dokumenten.
http://www.ddb.de/

Die nicht-virtuelle Bibliothek: nachverkabelbar
»Der Hauptlesesaal fällt zum Garten hin in drei Stufen kaskadenartig ab und ist gartenseitig komplett verglast. Er verfügt über ca. 350 Leseplätze und eine Handbibliothek von 80 000 – 100 000 Bänden. 60 Lesesaalplätze sind an das DV-Netz der Bibliothek angeschlossen, alle anderen Leseplätze sind dank eines Hohlraumbodens und eines Kabelkanalsystems im Boden nachverkabelbar.« Die Deutsche Bibliothek über ihren Frankfurter Neubau, der Anfang 1997 bezugsfertig sein soll.
http://www.ddb.de/

Bodleian Library, Oxford

Selbstdarstellung, Überblick über die Spezialsammlungen und die äußerst komplexe Thematik der Zugangsberechtigung (siehe auch S. 129).
http://www.bodley.ox.ac.uk

Tunlichst im Talar

Aus den Zulassungsbestimmungen für die Bodleian Library, Oxford: »... Auf persönlicher Bekanntschaft beruhende Empfehlungsschreiben, die Bedarf und Eignung des Bewerbers bestätigen, sollten von ALLEN ERST-ANTRAGSTELLERN vorgelegt werden (sofern ihre Zugehörigkeit zur Oxford University nicht bereits bei der Zulassungsstelle beglaubigt ist). Immatrikulierte und sich immatrikulierende Universitätsangehörige sollten bei der Erstanmeldung im TALAR erscheinen.«

http://www.bodley.ox.ac.uk

Gabriel – der Informationsdienst der europäischen Nationalbibliotheken

GAteway and **BRI**dge to **E**urope's national **L**ibraries
http://portico.bl.uk/gabriel/de/welcome.html

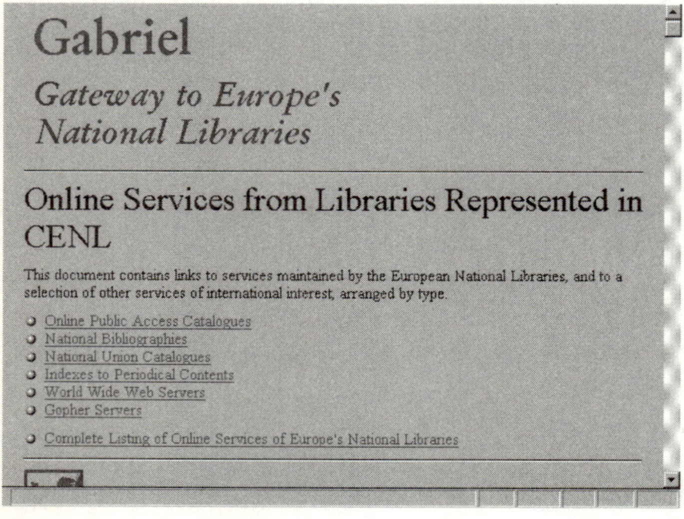

Deutsche Bibliothek, Frankfurt
Noch nicht angschlossen.

Deutsche Bücherei, Leipzig
Online abfragbar ist ein großer Teil der Bestände seit 1974 und ein noch größerer Teil dessen, was seit 1990 katalogisiert wurde. Als Username eingeben: OPAC. i = Hilfe / st = stop (exit)
telnet://tamino.ddb.de:1000

British Library
Nur mit Zugangsberechtigung
telnet://blaise.bl.uk/

National Library of Scotland
telnet://opacs.nls.uk/

National Library of Wales
telnet://nlwdm.nlw.aber.ac.uk/

Bibliothèque Nationale, Paris
Auswählen: connectez-vous
login: opale
telnet://opale02.bnf.fr/

Biblioteca Nazionale Marciana, Venedig
Die italienische Biblioteca Nazionale in Florenz ist dem Gabriel-Verbund noch nicht angeschlossen.
telnet://iuavbc.univie.it/

Koninklijke Bibliotheek der Niederlande
login: OPC
telnet://www.konbib.nl:2057

Nationalbibliothek, Wien
http://bibgate.univie.ac.at/

Schweiz
login: hello internet, user.clas01
telnet: helveticat.snl.ch/

Biblioteca Vaticana, Rom
login: opac
telnet://librs6k.vatlib.it

Außerdem sind in »Gabriel« auch die Nationalbibliotheken folgender Länder erreichbar: Finnland, Island, Kroatien, Portugal, Spanien, Tschechien, Türkei.

Library of Congress, Washington

Von der Homepage der Library of Congress ist eine Fülle interessanter Plätze erreichbar: die Online-Ausstellungen, die die LoC einrichtet, FTP-Server mit Textsammlungen, Links zu anderen amerikanischen Bibliotheken, thematisch gegliederte Literatur-Ressourcen im Internet und nicht zuletzt der einfach zu durchsuchende 3,8 Millionen Bücher erfassende Online-Katalog (man verwende unter den angebotenen Zugängen das »Z39.50 Gateway«).
http://marvel.loc.gov/

Eine unmittelbar erreichbare Maske zur Literatursuche im Online-Katalog der Library of Congress findet sich unter der Adresse:
http://www.uni-mannheim.de/users/bibsplit/loc.html

10. Ausstellungen zur Geschichte der Bücher

Die Qumran-Rollen

Eine Dokumentation des bedeutendsten Manuskriptfunds des 20. Jahrhunderts: 1947 wurden am Nordwestufer des Toten Meeres in elf Höhlen zahlreiche Schriftrollen und Schriftfragmente aus der Zeit zwischen dem 3. Jahrhundert v. Chr. und 68 n. Chr. gefunden. Die Ausstellung zeigt zwölf Manuskripte, dazu den jeweiligen Text in englischer Übersetzung mit Erläuterungen und neunundzwanzig andere Fundstücke aus den Qumran-Ausgrabungen.
http://sunsite.unc.edu/expo/deadsea.scrolls.exhibit/intro.html

Die Schriftrollen aus den Höhlen von Qumran. Eine Online-Ausstellung der Library of Congress, Washington

Duke Papyrus Archiv

Elektronischer Zugang zu Bildern und Texten von 1373 altägyptischen Papyrus-Dokumenten aus der Sammlung der Duke University.
http://odyssey.lib.duke.edu/papyrus/

Alle Schriften dieser Welt

Ein Gruppe ausgepichter Xenophilen (Fremdenfreunde) hat Bildbeispiele für alle (?) gegenwärtig gebräuchlichen Schriften von Arabisch bis Tifinagh gesammelt und mit aufschlußreichen Kommentaren versehen. Zum Erstaunen über die kalligraphische Vielfalt kommt der ästhetische Genuß.
http://idris.com/scripts/Scripts.html

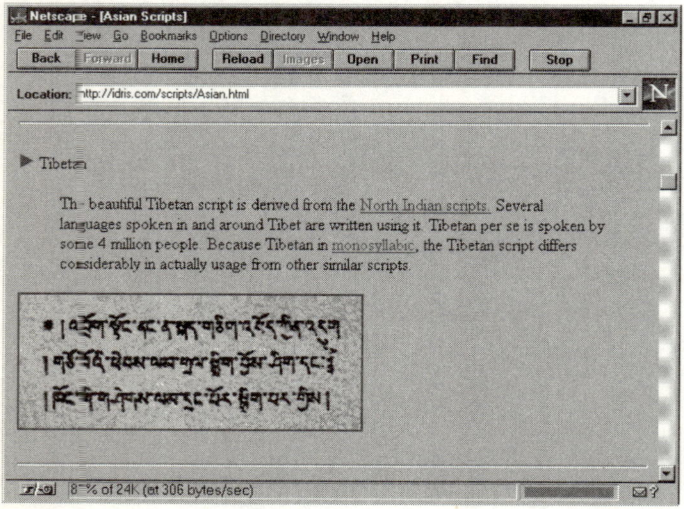

Alle Schriften dieser Welt: Tibetanisch

Dscriptorium

Sammlung und Speicher einer Fülle von digitalisierten Bildern aus mittelalterlichen Handschriften, außerdem Links zu anderen Sammlungen im Netz.
http://www.byu.edu/~hurlbut/dscriptorium/

Illuminierte Handschriften der Bodleian Library

»Auf dem Weg zu einem Bilderkatalog...« – ausgewählte Seiten aus Handschriften und Büchern der berühmtesten Bibliothek in Oxford.
http://www.rsl.ox.ac.uk/imacat.html

Die Vatikanische Bibliothek

Eine Ausstellung über die Entstehung der größten Bibliothek der Renaissance, über ihre Schätze, ihre Anordnung und ihre Benutzer. Die Bücher im Lesesaal lagen an Ketten. Ausleihmöglichkeiten bestanden trotzdem. Allerdings mußte dann auch die Kette mitgenommen werden – zur Erinnerung daran, daß das Buch zurückzugeben sei. Mahnungen schrieb bei wichtigen Werken und massiver Fristüberschreitung bisweilen der Papst selbst. Die erläuternden Texte in dieser Ausstellung sind sehr viel aufschlußreicher als die kleinen Bilder von ausgewählten Büchern und Manuskripten, auf denen meist wenig zu erkennen ist. Aber wer die Zeit aufbringen will, kann sich durch Anklicken eines kleinen Bildes eine Vergrößerung herunterladen: ca. 450 KB groß ist die Reproduktion einer Seite aus dem alten Ausleihbuch der Vaticana, auf der handschriftlich verzeichnet ist, daß Pico della Mirandola die Werke von Roger Bacon mit nach Hause genommen (und später

auch ordnungsgemäß wieder zurückgegeben) hat. Die vatikanische Signatur dieses Exponats ist nicht weniger kompliziert als eine Internet-Adresse: Vat.lat.3966 fol.43 recto.vlib 15 INT.22
http://sunsite.unc.edu/expo/vatican.exhibit/Vatican.exhibit.html

Graphion's Typographisches Museum

Graphion, eine amerikanische Computersatz-Firma, hat auf ihrer Homepage ein Museum der Buchdrucker- und Schriftsetzerkunst eingerichtet und als einen Nachruf nicht nur auf den Blei-, sondern gleich auch auf den Fotosatz in Szene gesetzt. Mit zahlreichen Bildbeispielen wird hier an »typographische Visionäre« wie Johannes Gutenberg, Aldus Manutius, William Caxton, John Baskerville, Giambattista Bodoni und Jan Tschichold erinnert, und es werden die Grundelemente und Grundbegriffe der Typographie erläutert.
http://www.slip.net/~graphion/

Aldus Manutius, Drucker (1449-1515)

Anker und Delphin waren das Gütezeichen dieses berühmten venezianischen Büchermachers, der die Leser seiner Zeit mit antiken Stoffen versorgte und auf diese Weise selbst einen beträchtlichen Anteil an deren Belebung und »Wiedergeburt« hatte. Diese Web-Ausstellung zeigt Beispiele seines Schaffens aus der umfangreichen Sammlung der Harold B. Lee Library an der Brigham Young University.
http://library.byu.edu/~aldine

Die Bibliothèque Nationale, Paris

Eine reiche, nach Themen gegliederte Auswahl von Illuminationen mittelalterlicher Handschriften aus dem Département des Manuscrits bietet die Ausstellung »Le roi Charles V. et son temps, 1338-1380«. Außerdem eine von der Library of Congress übernommene Text- und Bilderschau über die Entstehung der französischen Kultur. Informationen über die Geschichte der BNF finden sich unter der Rubrik »De Richelieu à Tolbiac: visiter la BnF«.
http://www.bnf.fr/bnf.htm

Die Heiligen Drei Könige reisen dem Stern nach. Atlas Catalan. 14. Jahrhundert (BNF.ESP.30) Aus der Online-Ausstellung der Bibliothèque Nationale, Paris: »Le roi Charles V. et son temps (1338–1380)«

Deutsche Buchkunst im 20. Jahrhundert

Online-Katalogbuch von Gunter Quarg und Wolfgang Schmitz, in HTML gesetzt und im Internet veröffentlicht zum 75jährigen Bestehen der Stadt- und Universitätsbibliothek Köln, mit Kapiteln über wichtige deutsche Buchgestalter und Grafiker.
http://www.rrz.uni-koeln.de/ebook/bookart/index.html

11. *Online-Textarchive*

ALEX

Ein Katalog von 1800 Online-Büchern. Durchsuchen läßt sich das reichhaltige Verzeichnis, das zur Zeit mangels Sponsor nicht aktualisiert wird, nach: Autor, Datum, Herkunftsort im Netz (host), Sprache, Thema und Titel.
http://www.lib.ncsu.edu/stacks/alex-index.html

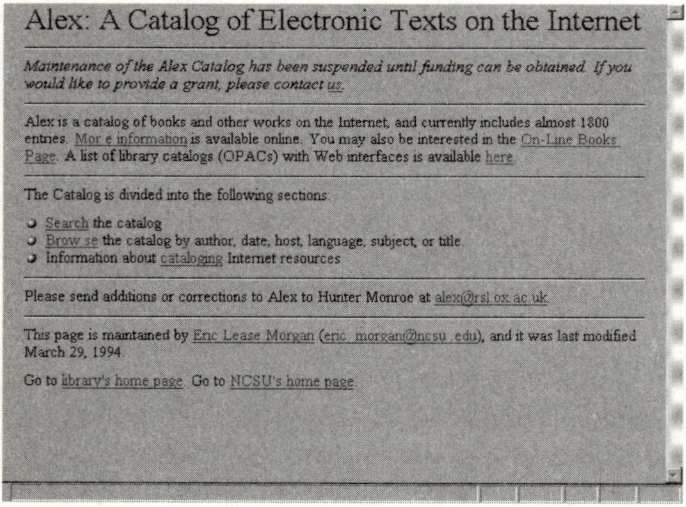

Project Gutenberg – USA

Ein in exponentiellem Wachstum begriffenes Archiv von englischen E-Texten (auch Übersetzungen ins Englische), das 1971 von Michael Hart begründet wurde. Der erste Text war eine elektronische Ausgabe der amerikanischen Unabhängigkeitserklärung. Bis Ende der 70er Jahre erschienen etwa zehn Texte. In den achtziger Jahren konzentrierte das Project Gutenberg seine ganze

Energie auf eine Ausgabe der Bibel (King James Version). Seit 1991 hat sich die Zahl der jährlich erscheinenden elektronischen Texte Jahr für Jahr etwa verdoppelt (1991: 12 / 1992: 25 / 1993: 48 / 1994: 105 / 1995: 183). Ziel ist es, bis zum Jahre 2001 zehntausend E-Texte herauszubringen, und zwar in einem Text- und Zeichenformat, das von den nicht vorhersehbaren (aber mit Sicherheit eintretenden) Veränderungen und Wandlungen bei Software und Hardware möglichst unabhängig ist und von möglichst vielen Computersystemen (DOS, Mac, Atari...) gelesen werden kann: nämlich ASCII – ohne aufwendige Auszeichnungen, Kursivierungen etc.

Das Project Gutenberg sieht sich in der aufklärerischen Tradition des amerikanischen Bibliothekswesens. »Lesbarkeit« hat Vorrang vor editorischem Raffinement. »Kritische« Editionen sind nicht das Ziel, gleichwohl befleißigt man sich größter Sorgfalt beim Eingeben und Korrigieren der Texte. Zur »Literatur« gehört für das Project Gutenberg die schöne ebenso wie die wissenschaftliche und die politische. Eine ausführlichere Darstellung der Geschichte und der »Philosophie« des Project Gutenberg durch Michael Hart (in englisch) ist von der Homepage aus zu erreichen, ebenso eine Einführung (in deutsch) von Thomas Hilberer »Literarische Werke über das Internet«.

Das Verzeichnis der zur Zeit verfügbaren Bücher findet sich im Anhang zu diesem Buch (S. 177).

http://promo.net/pg/

Projekt Gutenberg – Deutschland

»Das deutsche Literaturzentrum im Internet.« Ein laufendes Projekt zur Sammlung der copyrightfreien deutschen Literatur in elektronischer Form. Mitarbeit von

Freiwilligen beim Erfassen und Korrigieren von Texten ist jederzeit erwünscht. Wer geeignete Texte erfaßt hat, ist eingeladen, diese dem Projekt Gutenberg zur Verfügung zu stellen. Ein Gesamtkatalog oder eine Suchmöglichkeit ist allerdings noch nicht vorhanden, nur eine chronologische Liste der in den letzten Wochen und Monaten eingegangenen neuen E-Texte. Eine Bibliothek der Klappentexte, die Informationen über neue, urheberrechtlich geschützte Bücher bereitstellen soll, ist in ihren Ansätzen offenbar steckengeblieben. Die Texte, die das deutsche Projekt Gutenberg bereithält, sind im Anhang (S. 172) ausführlich verzeichnet.
http://www.abc.de/gutenb/gutenb.htm

»Deutsche Bücher
lassen sich ziemlich leicht lesen, wenn man sie vor einen Spiegel hält oder sich auf den Kopf stellt, um den Satzbau umzudrehen, aber eine deutsche Zeitung lesen und verstehen lernen, muß für einen Ausländer wohl immer ein Ding der Unmöglichkeit bleiben.« Mark Twain, »The Awful German Language«
http://www.fln.vcu.edu/struwwel/awful.html

Project Libellus

Eine Bibliothek antiker Texte in Latein (ein griechischer Bereich ist geplant): Apuleius / Ausonius / Caesar / Catull / Cicero / Horaz /Livius / Nepos / Ovid / Properz / Prudentius / Sallust / Tibull / Vergil. Alle Texte sind im TeX-Format komprimiert.
http://osman.classics.washington.edu/libellus/libellus.html

The Tech Classics Archive

Fast 400 klassische griechische und römische Texte in englischer Übersetzung von 35 Autoren u.a.: Äschines, Äschylos, Antiphon, Apollodor, Aristophanes, Aristoteles, Demosthenes, Diodor, Euripides, Herodot, Hesiod, Hippokrates, Homer, Hyperides, Isaeus, Isokrates, Lysias, Pausanias, Pindar, Platon, Plotin, Plutarch, Sophokles, Strabo, Tacitus, Thukydides, Vergil, Xenophon – bereitgestellt von »The Tech«, der ältesten und größten Campuszeitung des Massachusetts Institute of Technology.
http://the-tech.mit.edu/Classics/

L'Association des Bibliophiles Universels (ABU)

Ein Archiv französischer Online-Texte, vom Rolandslied bis Boris Vian. Für Online-Leser sind die Texte in Stücke zu jeweils 350 Zeilen geteilt. Als ganze (die komplette Liste findet sich im Anhang zu diesem Buch, S. 175) können sie aus dem FTP-Archiv der ABU heruntergeladen werden:
ftp://ftp.cnam.fr/pub/ABU
Die Web-Adresse lautet:
http://www.cnam.fr/ABU/

Projekt Runeberg

Gegründet 1992 mit dem Ziel, elektronische Ausgaben klassischer Werke der skandinavischen Literaturen herauszubringen. Die Homepage wird wahlweise in Schwedisch, Dänisch, Norwegisch, Isländisch, Finnisch, Estnisch oder Englisch ausgegeben. Werke u.a. von: Almqvist / Andersson / Bellman / Bergman /

Borrebæk / Karin Boye / Carl XVI Gustaf / Cervus / Dardel / Engström / Flygare-Carlén / Geijerstam / Goes / Heidenstam / Holberg / Ibsen / Karlfeldt / Kellgren / Kielland / Krouthén / Krusenstjerna / Lagerlöf / Larsson / Lenngren / Levertin / Lindman / Nordström / Olavus / Petri / Roman / Johan Ludvig Runeberg / Rydberg / Saxon / Sjöberg / Snoilsky / Strindberg / Söderberg / Södergran / Tegnér / Wallberg / Warburg / Westö.
http://www.lysator.liu.se/runeberg/Main.html

Progetto Manuzio

Das italienische Pendant zum Projekt Gutenberg ist nach dem venezianischen Drucker Aldus Manutius benannt und hält bisher eine kleine Sammlung italienischer Werke und italienischer Übersetzungen von Klassikern der Weltliteratur zum Herunterladen (oder zur Lieferung auf Disketten zum Selbstkostenpreis) bereit: Dante, »Divina Comedia« / Niccolo'Ugo Foscolo, »Dei Sepolcri« / Pirandello: »Una giornata« / Giovanni Verga, »I Malavoglia« / die »Costituzione della Repubblica Italiana« u.a.
http://dns.telematica.it/liberliber/biblioteca/index.html

Projekt Bartleby

Diese im Januar 1993 an der Columbia University, New York, begründete, nach dem eigensinnigen Sekretär in Herman Melvilles Erzählung »Bartleby, the Scrivener« benannte Bibliothek hält sich viel auf die Sorgfalt ihrer elektronischen Texteditionen zugute.

John Bartlett, »Familiar Quotations« / George Chapman, transl., »The Odysseys of Homer« / Emily Dickinson, »Poems« / Robert Frost, »Three Volumes« /

Inaugural Addresses of the Presidents of the United States / John Keats, »Poetical Works« / Herman Melville, »Bartleby, the Scrivener« / Percy Bysshe Shelley, »Complete Poetical Works« / William Strunk, »The Elements of Style« / Walt Whitman, »Leaves of Grass« / Oscar Wilde, »Poems« / William Wordsworth, »Complete Poetical Works«.
http://www.columbia.edu/acis/bartleby/

Project Wittenberg

Texte von Martin Luther und verschiedenen Lutheranern (Philipp Melanchthon, Paul Gerhardt), größtenteils in englisch, manches auch in deutsch.
http://www.iclnet.org/pub/resources/text/wittenberg/wittenberg-home.html

University of Virginia Electronic Text Library

Reichhaltige Bibliothek sorgfältig edierter, teilweise auch illustrierter elektronischer Texte vor allem in englischer, aber auch in französischer, deutscher, lateinischer und japanischer Sprache. Texte, die in den Verzeichnissen mit einem Sternchen (*) versehen sind, können aus Lizenz- und Urheberrechtsgründen nur von Universitätsangehörigen gelesen und heruntergeladen werden. Zahl und Reichhaltigkeit der allgemein zugänglichen Werke, vor allem der englischsprachigen, ist dennoch beeindruckend. Die Größe der Texte (in Kilobyte) ist in den Verzeichnissen stets angegeben, und bei Dateien, die größer als 100 KB sind, erlaubt ein Inhaltsverzeichnis (TOC = Table of Contents) eine genauere Eingrenzung der Teile eines Textes, die man lesen oder herunterladen will. Die allgemein zugänglichen Texte in der Elektronischen Bibliothek der University of Virginia:

Kopf der »Musarion«-Ausgabe in der University of Virginia Electronic Text Library

Deutsch: Kafka, »Das Urteil« / Hofmannsthal, »Der Tor und der Tod« (illustriert) / Morgenstern »Galgenlieder« nebst dem »Ginganz« / Wieland, »Musarion«.

Französisch: Balzac, »Le Colonel Chabert« / Descartes, »Le Discours de la méthode« / Fontenelle, »Entretiens sur la pluralité des mondes« / Maupassant, »Le Horla« / Molière, »Dom Juan«, »Le Tartuffe«, »L'Avare« / Nerval, »La Main enchantée«, »Aurélia ou Le Rêve et la vie« / Pascal, »La Machine arithmétique« / Queneau, »Exercises de style« / Racine, »Athalie« / Rousseau, »Les Rêveries du promeneur solitaire« / Stendhal, »Vittoria Accoromboni«, »Les Cenci«, »La Duchesse de Palliano« / Verne, »De la Terre à la lune« / Voltaire, »Candide ou l'optimisme«

Englisch: Der Katalog der englischen Texte der University of Virginia unter der Adresse:
http://etext.lib.virginia.edu/modeng.browse.html

ist mit seinen ca. 750 Titeln eine besondere Fundgrube. Er umfaßt keineswegs bloß »tote weiße Männer« (wie Astor, Bacon, Bierce, Carroll, Chesterton, Churchill, Collins, Conrad, Crane, Dickens, Doyle, Franklin, Gay, Goldsmith, Hamilton, Hardy, Hawthorne, James, Johnson, Lawrence, Melville, Paine, Poe, Stevenson, Stoker, Twain, Wells u.a.), sondern auch Bücher von: Aphra Behn, Emily Brontë, Frances Hodgson Burnett, Rebecca Harding Davis, George Eliot, Mary Shelley und Edith Warton sowie eine Fülle von Texten aus der Geschichte und der Literatur anderer ethnischer Gruppen – Elemente zu einem multikulturellen Kanon der Literatur: von Anonym, »A Slave's Story« bis Zitkala-Sa, »The School Days of an Indian Girl«.
http://etext.lib.virginia.edu/uvaonline.html

Oxford Text Archive (OTA)

Eine elektronische Bibliothek mit mehr als 1300 Büchern nicht nur in englischer Sprache, die allerdings nur zum Teil online ohne weiteres zugänglich sind. Die »kurze Liste« der Titel (immerhin 141 K) enthält Signaturen, die Zugänglichkeit und Umfang der Dateien anzeigen. Über FTP herunterladen lassen sich nur jene Texte, deren Signatur mit P (public) beginnt. Andere Texte müssen schriftlich mit einem online übermittelten Formular bestellt werden, außerdem ist eine Bearbeitungsgebühr im voraus zu bezahlen. Der letzte Buchstabe der Signatur gibt Auskunft über die Größe der Datei (A = unter 512 K, B = 512 KB-1 MB, C = 1-2 MB, D = 2-5 MB, E = über 5 MB). Nähere Informationen finden sich im Verzeichnis *pub/ota/public* in der Datei *textarch.inf.* Zum Textarchiv gelangt man auf dem Pfad: */pub/ota/public.*
ftp://ftp.ox.ac.uk

OBI-Online Book Initiative

Eine reichhaltige, aber, wie viele Gopher-Archive, nicht eben übersichtliche Sammlung von E-Texten – also eine »Fundgrube« oder »Stöberecke«.
gopher://gopher.std.com/11/obi

Wiretap Online Library

Der Wiretap-Gopher hält eine umfangreiche Bibliothek zu diversen Themen bereit, unter dem Stichwort »Classics« auch eine große Sammlung literarischer Texte in englischer Sprache. (Pfad:\library\classics)
gopher://wiretap.Spies.COM/11/

Brown University Women Writers Project

Ziel dieses Projekts ist ein Archiv zuverlässiger Texte von Frauen aus der Zeit zwischen 1330 und 1830. Die Texte können nicht online abgerufen, wohl aber per E-Mail auf Diskette zu einem geringen Preis bestellt werden.
http://www.stg.brown.edu/projects/wwp/wwp_home.html

EuroDocs – Historische Dokumente aus Westeuropa

Ausgewählte Transkriptionen, Faksimiles und Übersetzungen zur politischen, sozialen und kulturellen Geschichte der westeuropäischen Länder. Schlüsseldokumente, Verfassungstexte, Chroniken, Reden, Hinweise auf historische Online-Ausstellungen. Einige Beispiele aus dem Bereich »Deutsche Geschichte«: Die Thesen Martin Luthers, in Latein und Englisch, Dokumente zum Kaiserreich 1871-1918, Das Wannsee-Protokoll

vom 20.1.1942, Dokumente der Kapitulation 1945, Das Grundgesetz der Bundesrepublik, der Vertrag über die Herstellung der Einheit Deutschlands vom 31.8.1990, Archiv gegen Ausländerfeindlichkeit, Rassismus und Nationalismus.
http://library.byu.edu/~rdh/eurodocs/

Athena

Deutschsprachige und französischsprachige Schweizer Autoren: historische Dokumente, Calvin, Gottfried Keller, Jean-Jacques Rousseau, Benjamin Constant. Dazu unter der Rubrik »Tools« ein Archiv mit Software für das Internet.
http://un2sg1.unige.ch/www/athena/html/athome.html

12. Wissenschaft und Forschung

Internet-Quellen

Deutsche Datenquellen in der »Virtual Library«

Gegliedert ist das Verzeichnis nach akademischen Fachbereichen. Unter der Rubrik »Sprach- und Kulturwissenschaften« finden sich Listen mit deutschen Web-Adressen zu den Fächern Philosophie, Geschichte, Bibliothekswesen, Allg. Literaturwissenschaft, Altphilologie, Germanistik, Anglistik, Romanistik und Slawistik. Außerdem Hinweise auf Forschungsprojekte, Universitätsveranstaltungen und Verbindungen zu einzelnen Instituten und ihren Bibliotheken.
http://www.rz.uni-karlsruhe.de/Outerspace/VirtualLibrary/index.de.html

Internet-Quellen zu den Sprach- und Literaturwissenschaften

Eine gut sortierte Web-Seite der Universität Mannheim: Suchmaschinen / Germanistik / Geisteswisenschaften insgesamt / Allg. Sprach- und Literaturwissenschaft / Medienwissenschaft / Linguistik u. Maschinelle Sprachverarbeitung / Romanistik / Anglistik / Slawistik.
http://www.uni-mannheim.de/users/bibsplit/litrech.html

Deutsche Dichterhandschriften des Poetischen Realismus

Ortsverzeichnis der Manuskriptbestände und Nachlässe von mehr als 400 schreibenden Damen und Herren

des 19. Jahrhunderts – von Willibald Alexis bis Josef Christian Freiherr von Zedlitz-Nimmersatt. Zusammengestellt von Richard Hacken und Marianne Siegmund.
http://library.byu.edu/~rdh/prmss/

Library Resources on the Internet

Die Web-Seite der Bibliothekswissenschaftler und Bibliothekare.
http://www.library.nwu.edu/resources/library

»The Voice of the Shuttle« – Die Stimme des Weberschiffchens

Die Web-Seite der Geisteswissenschaften. In »Tereus«, einem nicht erhaltenen Drama des Sophokles, wird Prokne von Tereus vergewaltigt und nachher auch noch stumm gemacht, damit sie ihn nicht verraten kann. In aller Stille webt sie daraufhin einen Teppich, in dem sie ihre Leiden darstellt. An einem Teppich der Verweise webt auch Alan Liu und hat mit Engagement und Überblick den, soweit ich sehe, eindrucksvollsten Katalog von Internet-Materialien für die verschiedenen »Humanities« geschaffen: Altertumswissenschaft / Anthropologie / Archäologie / Architektur / Frauenstudien / Geschichte / Kunst / Literatur (englische und andere) / Literaturtheorie / Medien / Minderheitenstudien / Musik und Tanz / Naturwissenschaft, Technik und Kultur / Philosophie / Photographie / Politik / Rechtswissenschaft / Regionalstudien / Religionswissenschaft / Schreibtechnik / Sprachwissenschaft. Die vielfach untergliederten Katalogseiten namentlich zur Literatur sind eine Fundgrube für Leser.
http://humanitas.ucsb.edu/

The English Server

Ein reichhaltiges elektronisches Archiv, gegliedert in Kulturtheorie / Drama / Literatur / Bibliotheken / Multimedia / Lyrik / Rhetorik / Nachschlagewerke.
http://english.hss.cmu.edu/

Jack Lynch's Literary Research Tools on the Net

Eine Sammlung von Hinweisen auf literarische Ressourcen im Netz, die vor allem für Gelehrte interessant sind. Stichwortsuche ist ebenso möglich wie Blättern im thematischen Katalog: Antike und Bibel / Mittelalter / Renaissance / 18. Jahrhundert (besonders ausführlich, in einem separaten Katalog) / Romantik / Viktorianismus / 20. Jahrhundert (britisch/irisch) / amerikanische Literatur / Theater / Theorie / Frauenliteratur, Feminismus / Ethnische Gruppen / Andere Nationalliteraturen / Buchgeschichte und Bibliographie / Hypertext.
http://www.english.upenn.edu/~jlynch/Lit/

Forschungs- und Editionsprojekte

Digitales Museum der deutschen Literatur- und Kulturgeschichte

Eine vielversprechende Internet-Baustelle – nicht etwa in Deutschland, sondern in den USA, beim German Internet Project der University of North Carolina in Greensboro.
http://www.uncg.edu:80/~lixlpurc/GIP/

Deutsche Gegenwartskultur

Deutsche Internet-Chronik: Digitaler Grundkurs, eingerichtet für Germanistikstudenten der University of North Carolina, Greensboro, in deutscher und englischer Sprache – eine Einladung, die eigene Kultur einmal aus transatlantischer Perspektive zu betrachten.
http://www.uncg.edu/~lixlpurc/GIP/german_units/Units-Cover.html

Diotima: Women & Gender in the Ancient World

Ein eindrucksvolles Archiv von Materialien zur Geschichte der Frauen in der Antike: neue Aufsätze, alte Quellen mit Anmerkungen und Übersetzung und zahlreiche, gut gegliederte Verbindungen zu Bildquellen in Archiven und Museen.
http://www.uky.edu/ArtsSciences/Classics/gender.html

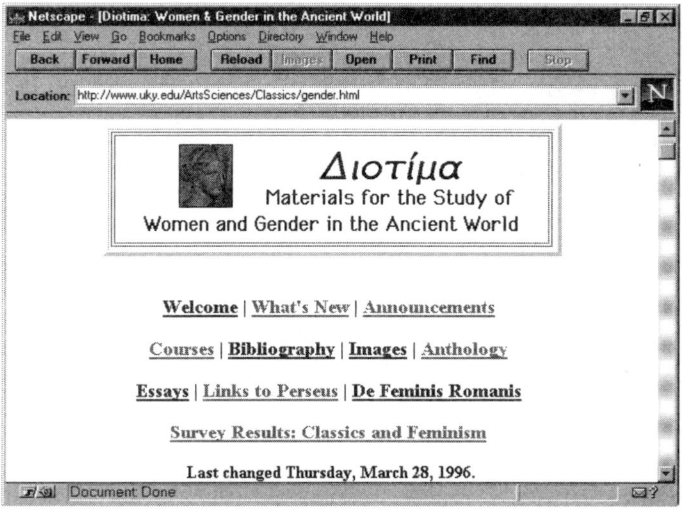

Perseus Projekt

Ein digitales Archiv zur Kultur des alten Griechenland mit großen Textbibliotheken und Bildergalerien: Vasen, Skulpturen, Gebäude. Eine Münzsammlung läßt sich nach Art einer Datenbank durchsuchen.
http://www.perseus.tufts.edu

The Labyrinth: Mittelalterstudien

Ein Ariadnefaden wird dem Besucher sogleich angeboten: die Rückkehr zur Homepage dieses fächerübergreifenden Projekts, das in Text- und Bilddatenbanken Materialien über die nationalen Kulturen und die internationale Zivilisation des Mittelalters versammelt: Kunst und Architektur / Geschichte / Lateinische Sprache / Handschriftenkunde / Philosophie und Theologie / Religionsgeschichte / Naturwisenschaft / Musik. Spezielle Themen: Artusforschung / Heraldik / Das Mittelalter und die Postmoderne / Wikinger, Runen und

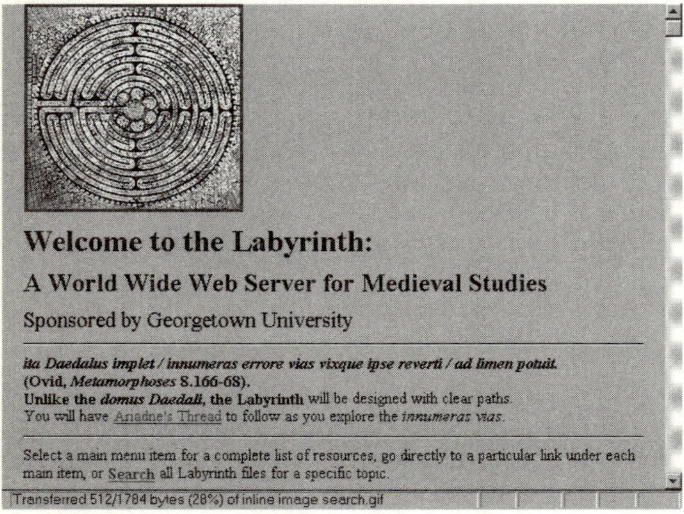

nordische Kultur. Hilfsmittel und Anregungen für den Schulunterricht fehlen ebensowenig wie aktuelle Informationen für Profi-Mediävisten.
http://www.georgetown.edu/labyrinth/labyrinth-home.html

The Kassandra Project

Die Anregung zu dem Namen dieses Projekts, das eine Einführung in Leben und Werk »schöpferischer und visionärer deutscher Frauen des späten 18. und frühen 19. Jahrhunderts« geben will, geht auf den Roman von Christa Wolf zurück. Bisher sind hier Materialien über Bettina von Arnim, Karoline von Günderode, Sophie von LaRoche und Sophie Mereau versammelt.
http://www.reed.edu/~ccampbel/tkp/

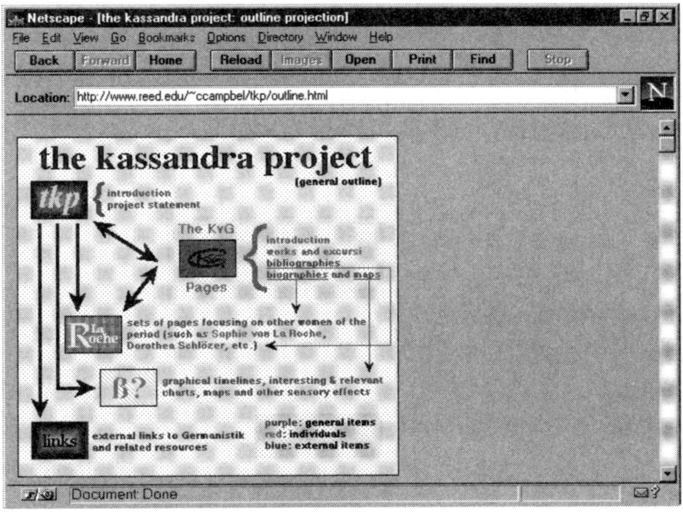

The Victorian Women Writers Project

Eine Online-Sammlung der Indiana University von Werken britischer Schriftstellerinnen der spätviktoriani-

schen Ära: Louisa S. Bevington, Mathilde Blind, Ada Cambridge (Cross), Caroline Clive (»V«), Louise Imogen Guiney, Eliza Keary, Maud Keary, Amy Levy, Caroline Norton, Dollie Radford, Helen Taylor.
http://www.indiana.edu/~letrs/vwwp/

The Victorian Web

Ein Komplex von gründlich ausgearbeiteten Internet-Seiten zu den verschiedenen Aspekten der viktorianischen Ära: Viktorianismus, bildende Künste, Religion, Philosophie, Wissenschaft, Technik, Politik, Geschlechterfragen, Literatur: Matthew Arnold / Charlotte und Emily Brontë / Elizabeth Barrett und Robert Browning / Thomas Carlyle / Lewis Carroll / Charles Dickens / George Eliot / Elizabeth Gaskell / Gerard Manley Hopkins / Rudyard Kipling / George Macdonald / George Meredith / William Morris / Christina und Dante Gabriel Rossetti / John Ruskin / Algernon

Charles Swinburne / Alfred, Lord Tennyson / W.M. Thackeray / Anthony Trollope / Oscar Wilde.
http://www.stg.brown.edu/projects/hypertext/landow/victorian/victov2.html

Bakhtin Centre (Sheffield)

Im Mittelpunkt der Arbeit des Michail Bachtin-Zentrums steht die Erstellung einer Bibliographie der Schriften des großen russischen Literaturtheoretikers und der zu seinem Kreis gehörenden Forscher.
http://www.shef.ac.uk/uni/academic/A-C/bakh/bakhtin.html

to book
»Sarkastischer Ausdruck für den festen Entschluß, endlich mal wieder etwas zu tun.«
College-Slang-Wörterbuch, zusammengestellt von Jennifer Doyle, Princeton.
gopher://wiretap.Spies.COM/11/
Pfad: Wiretap Online Library / Articles / Language / slang.col

A Genealogy of Foucault

Eine Bibliographie der Schriften Michel Foucaults und ihrer englischen Übersetzungen, dazu einige zentrale Zitate.
http://WWW.CSUN.Edu/~hfspc002/foucault.home.html

Zeitschriften

Arachnion. A Journal of Ancient Literature and History on the Web

Diese an der Universität Turin von Maurizio Lana und Emanuele Narducci herausgegebene internationale Zeitschrift für antike Literatur und Geschichte erscheint seit dem Mai 1995 mit Beiträgen in den Sprachen der Autoren: Englisch, Italienisch, Deutsch, Französisch...
http://www.cisi.unito.it/arachne/arachne.html

Bryn Mawr Classical Review

Eine Zeitschrift vorwiegend mit Rezensionen von Büchern zur Altertumsforschung.
gopher://gopher.lib.Virginia.EDU:70/11/alpha/bmcr

Postmodern Culture

Eine gründlich redigierte sowohl im Web als auch im Druck erscheinende Zeitschrift für interdisziplinäre (Kultur-)Theorie, herausgegeben von der North Carolina State University, von der Oxford University Press und dem Institute for Advanced Technologies in the Humanities an der University of Virginia.
http://jefferson.village.virginia.edu/pmc/

13. Branche und Betrieb

Börsenverein des Deutschen Buchhandels

Die Arbeitsgruppen Elektronische Fachinformation und Elektronisches Publizieren informieren über ihre Arbeit. Außerdem gibt es eine Auswahl von Artikeln aus dem »Börsenblatt« und eine umfangreiche Seite mit Verweisen auf WWW-Angebote des Verlagswesens.
http://www.darmstadt.gmd.de/BV/agef.html

Herausforderung
»Die für 1995 erwartete Privatisierung dieses bislang nicht kommerziellen Netzwerkes wird dazu beitragen, das Internet für verlegerische Lösungen attraktiver werden zu lassen.«
Börsenblatt für den deutschen Buchhandel, 6.1.1995
http://www.darmstadt.gmd.de/BV/agef_3i.html

Frankfurter Buchmesse

Allgemeine Informationen, Veranstaltungskalender, Ausstellerkatalog online.
http://www.frankfurt-book-fair.com/

Die amerikanische Internet-Buchmesse

Hinweise auf Homepages und Online-Kataloge kleinerer amerikanischer Verlage, insbesondere solcher, die Online-Ausgaben von gebundenen Büchern und originale Online-Bücher herausbringen.
http://www.bookfair.com

Publishers Weekly

Das große Fachorgan der amerikanischen Bücherbranche bringt in seiner Internet-Ausgabe wichtige Artikel in vollständiger Form, Kurzfassungen von Artikeln, Bestsellerlisten und in der Rubrik »Web-Watch« Hinweise auf interessante neue Internet-Plätze mit dem Schwerpunkt »Bücher und Medien«.
http://www.bookwire.com/pw/pw.html

Verlage

Verlagsadressen

Als internationales Verlagsadreßbuch kann man den Ausstellerkatalog der Frankfurter Buchmesse benutzen, der über deren Web-Seite erreichbar ist und sich online durchsuchen läßt. Auch die Programmschwerpunkte der Verlage lassen sich auf diese Weise ermitteln, Telefon- und Faxnummern allerdings nicht.
http://www.frankfurt-book-fair.com/f-directory.html

Deutsche Verlage im Internet

verzeichnet eine Seite des von Markus Neteler betreuten Web-Katalogs »Bibliotheken, Bücher, Berichte«.
http://www.geog.uni-hannover.de/iln/bibliotheken/verlage.html

Verlage stellen sich vor

Nach Ländern geordnete, umfangreiche Liste von Homepages und Katalogen internationaler Verlage.
http://www.lights.com/publisher/

Geist

German **E**ncyclopedic **I**nternet **S**ervice **T**erminal. Wissenschaft und Kultur im Internet: Verlagskataloge (auch der des Eichborn Verlags und der Anderen Bibliothek), Verlagsporträts, Institutionen und Gesellschaften.
http://www.geist.spacenet.de/

Michael Itscherts' 33 Tips für Kleinverleger

»Treten Sie selbstsicher und von Ihren Büchern überzeugt beim Buchhändler auf«. Die Online-Ausgabe eines Buches zum kleinen Einmaleins des Verlagswesens und des Buchhandels, das der Gardez Verlag, Mainz, in 4. überarbeiteter Auflage auch gedruckt für 14,90 DM zuzügl. 2,90 DM Versandkosten vorrätig hält. Nur in der gedruckten Fassung sind auch die nützlichen Branchenadressen enthalten.
http://www.germany.eu.net/books/tips/33t.html

Buchhandel

ABC Bücherdienst

1 Million deutsche, amerikanische, spanische und niederländische Titel.
http://www.Buecher.com

Amazon

Durchsuchbarer Katalog von einer Million englischsprachige Bücher.
http://www.amazon.com/

Bouvier/Gonski Buchkultur Online

Internet-Buchhandlung mit regionalem Veranstaltungskalender für Köln und Bonn.
http://www.books.de/

Fröhlich & Kaufmann

Der Katalog der Kunst- und Kulturversender.
http://www.artbook-service.de

KNO-K&V Barsortimentskatalog

Weniger umfangreich als das »Verzeichnis lieferbarer Bücher« (VlB), das online nicht verfügbar ist, aber dennoch ein nützliches Hilfsmittel für die Online-Literatursuche zwischen 275 000 überwiegend deutschsprachigen Büchern aus 3000 Verlagen, nebst angeschlossener Bestellmöglichkeit bei INOVIS.
http://www.inovis.de

Buchhandlung JF-Lehmanns, Berlin

Schwerpunkte im Angebot sind Informatik, Medizin und Ökologie.
http://www.germany.eu.net/shop/JFL/

Buchhandlung Mühlau/Weiland

http://hamburg.bda.de:800/bda/nat/muehlau/

Bookweb – American Association of Booksellers

Die Web-Seite der amerikanischen Buchhändlervereini-

gung mit Branchennachrichten für Leser und Buchhändler. Informationen über Lesereisen von Autoren, Buchhandelsadressen, Statistiken etc.
http://www.ambook.org/bookweb/bookstop

Preise, Seller- und Bestenlisten

Erster Internet-Literaturpreis

Die Hamburger »Zeit« hat ihn anläßlich ihres fünfzigsten Gründungstages und ihres erstmaligen Auftritts im Internet zusammen mit IBM-Deutschland ausgeschrieben: für innovative Versuche, die »nach wie vor« Literatur sind, aber die Ausdrucksformen der Computernetze nutzen und sich eingeladen fühlen, mit den »Grenzen zwischen Schrift und Datensatz« ihr Spiel zu treiben. Die einzelnen Beiträge sollen nicht länger als 60 Kilobyte sein – 20 K für Text und 40 K für Bilder. Die Jury besteht aus Reinhard Baumgart, Robin Detje, Iris Radisch, Elke Schmitter und Dieter E. Zimmer. Die Preise: 1. DM 10 000 / 2.u.3. je ein Notebook / 4. Ein Internet-Account mit Online-Stunden. Einsendeschluß für die erste Preisverleihung war der 15. Mai 1996. Näheres über die weitere Zukunft des Preises erfährt man auf den Homepages von IBM oder der »Zeit«
http://www.zeit.de

Literaturnobelpreis

Hier werden sämtliche Preisträger (auch die in den anderen Sparten von Physik bis Frieden) seit Beginn der Verleihungen im Jahre 1901 verzeichnet.
http://www.chemie.fu-berlin.de/diverse/bib/nobelpreise.html

Literaturpreise

Booker Prize / Whitebread Prize / Prix Goncourt / Nobelpreis / National Book Award / National Book Critics Circle Award
http://compstat.wharton.upenn.edu:8001/~siler/litlists.html

»Spiegel«-Bestsellerliste

http://www.books.de/german/spiegel.html

»Publishers Weekly «-Bestseller-Listen

In den Sparten: Literatur / Sachbuch / Taschenbuch / Paperback / Kinderbuch / Religion / Computer / Audio-Fiction / Audio-Nonfiction. Einzelne Nennungen sind oft mit zusätzlichen Informationen versehen.
http://www.bookwire.com/PW/bsl/bestseller-index.html

Diverse Institutionen

Goethe-Institut

Selbstdarstellung, Adressen und Programme der Goethe-Institute in aller Welt, E-Mail Verbindung, Anbahnung von Internet-Klassenpartnerschaften.
http://www.goethe.de/dindex.htm

IG-Medien (München)

»Mit dieser Seite wollen wir ein Stück Gegenöffentlichkeit herstellen und über Ereignisse in der Medienstadt München aus einer anderen Perspektive informieren. Unsere Homepage soll darüber hinaus auch für Men-

schen, die bereits in oder mit den neuen Medien arbeiten, eine Anlaufstelle und ein Treffpunkt im virtuellen Raum sein.« – An diesem Platz finden sich Materialien zur Nutzung und zur Kritik der »neuen Medien« sowie Verbindungen zu anderen gewerkschaftlichen Internet-Seiten im In- und Ausland.
http://dakota01.ifkw.uni-muenchen.de/igmedien/

Institut für deutsche Sprache, Mannheim

Aufgaben und Ziele, Abteilungen und Forschungsschwerpunkt, sowie Anmerkungen zur bevorstehenden Rechtschreibreform.
http://www.ids-mannheim.de/

Schiller Nationalmuseum, Deutsches Literaturarchiv, Marbach

Hinweise auf aktuelle und dauerhafte Ausstellungen, Veranstaltungen und Veröffentlichungen.
http://www.dla-marbach.de/dla-marbach.html

National Press Club, Washington D.C.

Die sorgfältig ausgearbeitete Web-Seite eines zentral gelegenen Journalistenclubs auf bevorzugtem Terrain. Ein Stadtplan von Washington dient als Orientierung und Vermittlungshilfe zu Bundesbehörden, Museen, Bibliotheken. Ein »Verzeichnis von Nachrichtenquellen« vermittelt zahlreiche Verbindungen zu Organisationen, Behörden, Unternehmen.
http://town.hall.org/places/npc/index.html

14. Elektronische Zeitungen und Zeitschriften

Electronic Journals – Katalog

Ein imposanter, nach Themen und Gattungen gegliederter Katalog von mehr als 2000 Zeitungen und Zeitschriften aus den Ländern dieser Welt, die im Internet erreichbar und/oder lesbar sind, bereitgestellt von WILMA, dem »Web Information List Maintenance Agent«.
http://www.4mesa.com/4mesa/weblist/ejournal.html

Deutschprachige Tages- und Wochenzeitungen

Anzeiger, St. Gallen

Wochenzeitung für die Ostschweiz und das Fürstentum Liechtenstein.
http://www.bodan.net/anzeiger

Focus, München

http://www.focus.de/B/b.htm

Hamburger Morgenpost

http://www.mopo.de/

Saarbrücker Zeitung

http://www.sz-sb.de/

Schweriner Volkszeitung

http://www.hansenet.de/SVZ/

Der Spiegel, Hamburg

http://www.spiegel.de

Der Standard, Wien

http://www.austria.eu.net/derstandard/

Der Stern, Hamburg

http://www.stern.de/

Süddeutsche Zeitung, München

http://www-dw.gmd.de/sz/

Tagesspiegel, Berlin

http://www.tagesspiegel-berlin.de/

die tageszeitung, Berlin

http://www.taz.de

Die Welt, Berlin

http://www.welt.de/

Die Zeit, Hamburg

http://www.zeit.de

Internationale Presse

Asahi Shimbun, Tokio

In einer japanischen und einer englischen Ausgabe.
http://www.asahi.com/index.html

Ghanaian Newsrunner

Neueste Nachrichten aus Ghana – nicht nur für die ghanaische Gemeinde in den Niederlanden.
http://www.euronet.nl/users/bse/colofon.html

Irish Times, Dublin

http://www.irish-times.ie/

Jerusalem Post

http://www.jpost.co.il

Libération, Paris

Zum Lesen ist der kostenlos herunterzuladende »Adobe Acrobat«-Viewer erforderlich.
http://www.Netfrance.com/libe

London Times

http://www.the-times.co.uk/

Le Monde, Paris

Benötigt wird der kostenlos herunterzuladende »Adobe Acrobat« -Viewer.
http://www.lemonde.fr/

Le Monde diplomatique, Paris

http://www.ina.fr/CP/MondeDiplo/mondediplo.fr.html

The New York Times' TimesFAX

Tägliche achtseitige Zusammenfassung der Times-Ausgabe des Tages. Benötigt wird der Viewer »Adobe Acrobat«.
http://nytimesfax.com/

Svenska Dagbladet, Stockholm

http://www.svd.se/

Web-Journale

Hotwired

Die immer aktuelle Internet-Ausgabe der amerikanischen Zeitschrift »Wired«: Netzpolitik, Netzkultur, Netzszene.
http://www.hotwired.com

The Nando Times

Eine professionell auf der Grundlage von Meldungen internationaler Nachrichtenagenturen gemachte echte

Dreihunderttausend im päpstlichen Cyberspace – der Segen »Urbi et Orbi« kam zu Weihnachten 1995 auch über das Internet

Internet-Tageszeitung mit den Rubriken: World / Nation (d.h. USA) / Sports / Politics / Business / InfoTech / Health&Science / Voices (d.h. gezeichnete Artikel und Kommentare) / Entertainment (Klatsch, Kultur und faits divers). In den Archiven zu den einzelnen Rubriken können die Artikel der älteren Ausgaben nachgeschlagen werden.
http://www2.nando.net/nt/nando.cgi

Netsurfer Digest

Ein wöchentlich erscheinendes E-Zine mit kurzen Artikeln über Entwicklungen in der Netzwelt und Hinweisen auf interessante Plätze.
http://www.netsurf.com/nsd/index.html

Digital Mirror

Ein flott daherkommendes deutschsprachiges Internet-Magazin mit Reklame, Promotion und Rubriken wie: Reiseparadies, Seh(n)sucht, Geschäftsfelder, Netzwerk, Kunststoff, Egotrips.
http://www.infinite.de/

The Biz – The Entertainment CyberNetwork

Eine grafisch aufwendig gestaltete Web-Zeitschrift mit Artikeln aus der Unterhaltungsindustrie – Film, Musik, Bücher.
http://www.bizmag.com

15. Ränder

Museen und Archive

Internet 1996 World Exposition

Die Internet-Weltausstellung hat ihre Baustelle am 1. Januar 1996 eröffnet und soll das ganze Jahr über dauern. Jeder kann sich mit einem Beitrag beteiligen. Ein Besuch im Pavillon »Art&Music« lohnt sich.
http://park.org/

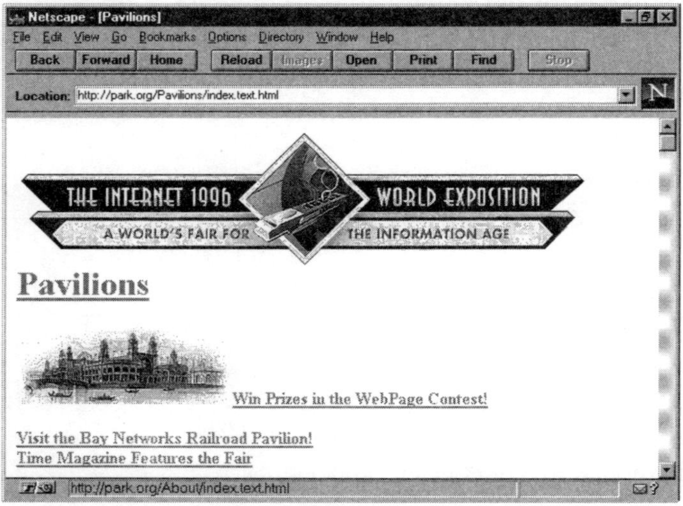

Museen und Ausstellungen im World Wide Web

Ein Katalog mit den Rubriken: Kunst, Foto und Design / Kultur und Geschichte / Natur, Wissenschaft und Technik / Städte, Länder und mehr / Deutschsprachige Museen und Ausstellungen
http://www.is-fun.com/kultur/online.htm

American Memory

»National Digital Library«. Ein von der Washingtoner Kongreßbibliothek organisiertes Projekt zur Geschichte der USA, das zur Zeit sechs Fotosammlungen, fünf Textsammlungen und jeweils eine Sammlung mit Tonaufzeichnungen und frühen Filmen in digitalisierter Form enthält, darunter die Dokumente eines umfangreichen biographischen Oral-History Projekts aus den Jahren 1936-1940, die Tagebücher von Walt Whitman, Dokumente aus der Geschichte der amerikanischen Frauenrechtsbewegung, das Archiv des Fotografen Carl Van Vechten, der zwischen 1932 und 1964 zahlreiche prominente Amerikaner porträtiert hat, die Farbaufnahmen aus dem Fotoprojekt der Farm Security Administration 1938-1944 und die Daguerreotypien aus dem Atelier von Mathew Brady.
http://rs6.loc.gov/amhome.html

United States Holocaust Museum, Washington D.C.

Informationen über das Museum und seine Veranstaltungen. Der Katalog und das Archiv lassen sich an Hand sehr detailliert angelegter Bibliothekskarten durchsuchen. Das Archivmaterial selbst ist online nicht zugänglich.
http://www.ushmm.org/

Letzte Bitte
»Mit der Bitte des Chefs der Sicherheitspolizei und des SD an die Besprechungsteilnehmer, ihm bei der Durchführung der Lösungsarbeiten entsprechende Unterstützung zu gewähren, wurde die Besprechung geschlossen.«
Aus dem »Wannsee-Protokoll«, 20. Januar 1942.
http://library.byu.edu/~rdh/eurodocs/germ/wanngerm.html

The Holocaust Cybrary

Material zur Geschichte und Analyse der Verfolgung und Ermordung der Juden in Europa zwischen 1933 und 1945, Erinnerungen und Zeugnisse von Überlebenden.
http://remember.org/

Responses to the Holocaust

Auseinandersetzung mit dem Holocaust. Ein großes Archiv von Quellen, Fotos, Karten, Analysen für Lehrer und Forscher, koordiniert von Robert S. Leventhal, der die Frage der Darstellbarkeit des Holocaust unter anderem in einem großen, bebilderten Artikel über Spielbergs Film »Schindlers Liste« diskutiert.
http://jefferson.village.virginia.edu/holocaust/response.html

Museum of Tolerance

Dieses vom Simon Wiesenthal Center in Los Angeles gegründete Museum beschäftigt sich in seinem Online-Flügel vor allem mit zwei Themen: Rassismus und Vorurteile in Amerika und Geschichte des Holocaust.
http://www.wiesenthal.com/mot/index.html

Sowjetische Geheimarchive

Die aus der Zusammenarbeit des neuen Russischen Archivkomitees und der Library of Congress in Washington hervorgegangene Ausstellung zeigt ausgewählte Dokumente aus den Archiven des Zentralkomitees der Kommunistischen Partei, von der Oktoberrevolution 1917 bis zum gescheiterten Staatsstreich im August 1991, in englischer Übersetzung – darunter eine Durchführungsverordnung über die Deportation der Krim-Tataren nach 1945, den Bericht eines Agenten, bei dem sich Boris Pasternak erkundigt hatte, wie er mit seinem »Doktor Schiwago«-Honorar aus Norwegen verfahren solle, und ein Top-Secret Geheimdienstrapport über die innere Lage der Sowjetunion im Jahre 1988.
http://sunsite.unc.edu/expo/soviet.exhibit/soviet.archive.html

Die Kartensammlung der Perry-Castaneda Library der University of Texas, Austin

1500 Stadt- und Landkarten aus aller Welt, online verfügbar und copyright-frei, daher auch nicht immer ganz aktuell. Vor dem Download sollte man die mitunter beträchtliche Größe der Bilddateien in Betracht ziehen.
http://www.lib.utexas.edu/Libs/PCL/Map_collection/Map_collection.html

Warburg Institute

Von der vergleichenden Bilderkunde, die Aby Warburg im Sinne hatte und die sich mit der Hyperlink-Technik gut veranschaulichen ließe, ist hier nichts zu erblicken, statt dessen einige dürre Begriffsbestimmungen (Iko-

nologie, Bewußtes und Unbewußtes in der Kunst, Feminismus und Warburg-Schule) und einige Rezensionen wichtiger kunsthistorischer Bücher aus neuerer Zeit.
http://www.leeds.ac.uk/fine_art/Projects/Core/93/fin2sfw/contents.html

WebMuseum, Paris

Eine stattliche, aber keineswegs staatliche Bildergalerie, die vielmehr dank der privaten Initiative von Nicolas Pioch immer weiter wächst. Im Zentrum steht eine »Ausstellung der berühmten Gemälde«, außerdem z.Zt. Sonderausstellungen »Japanische Kunst« und »Cézanne«. Zu jedem Maler, von dem Bilder in der Galerie zu sehen sind, gibt es einen biographischen Artikel.
http://sunsite.unc.edu/louvre/

Musik

Opernlibretti und Liedertexte

Texte zu Liedern und Opern von Beethoven, Bizet, Brahms, Chausson, Debussy, Grieg, Haydn, Mahler, Mendelssohn, Mozart, Ravel, Schubert, Schumann, R. Strauss, Wagner, Webern, Wolf und vielen anderen.
http://copper.ucs.indiana.edu/~lneff/libretti.html

Classical Net: Komponisten, Daten, Werkverzeichnisse und anderes

J.S. Bach, Britten, Chopin, Cui, Mahler, Miaskovsky, Mozart, Scarlatti, Schostakowitsch, Vivaldi...
http://www.classical.net/

Gibraltar Encyclopedia of Progressive Rock

Ein umfangreiches Lexikon zur Geschichte von Musikern und Gruppen, das ständig erweitert wird, mit diskographischen Angaben.
http://www.cogsci.ed.ac.uk/~philkime/GEPR/gepr.html

Film

Internet Movie Database

Seit 1990 häuft eine Gruppe von Filmfans diesseits und jenseits des Atlantik Kino-Informationen an. Der Stand der Dinge am 6.1.1996: 58725 Filme und 4082 TV-Serien sind in der Datenbank verzeichnet, dazu 10120 Kurzdarstellungen von Plots, 7357 Kritiken, außerdem Hinweise auf 109601 Schauspieler, 61174 Schauspielerinnen, 13449 Regisseure, 19762 Drehbuchschreiber. Die Datenbank ist kreuz und quer durch-

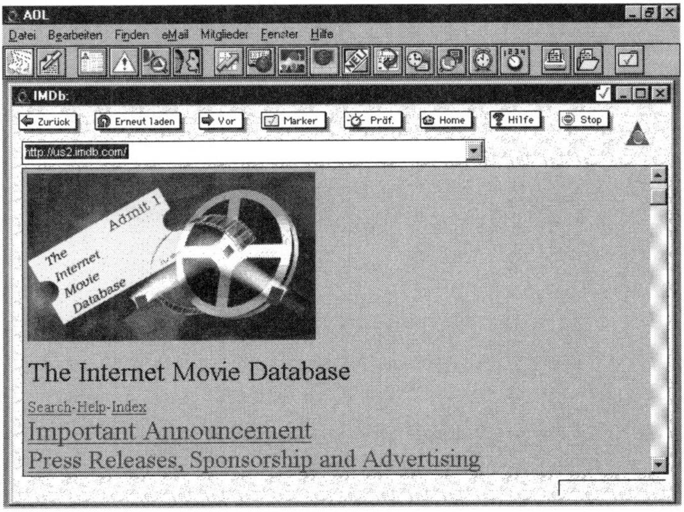

suchbar. Ein virtueller Rundgang vermittelt ein Gefühl für das, was sich an diesem extraordinären Ort alles finden läßt.
http://us2.imdb.com/

Philosophie

Philosophie: Elektronische Texte

Verbindungen zu Archiven und Homepages, die Augustinus, Noam Chomsky, Kurt Gödel, Martin Heidegger, David Hume, Gottfried Wilhelm Leibniz, Friedrich Nietzsche, Charles S. Peirce, Bertrand Russell, Ludwig Wittgenstein und anderen gewidmet sind – sowie Philosophenpfade zu anderen einschlägigen Plätzen im Internet.
http://www.bris.ac.uk/Depts/Philosophy/VL/etexts.html

University of Chicago Philosophy Project

Moderierte Diskussionen zwischen ausgewählten Teilnehmern zu ausgewählten aktuellen philosophischen Themen, z.B. Saul A. Kripkes Buch »Naming and Necessity« oder Nelson Goodmans Metapherntheorie.
http://csmaclab-www.uchicago.edu/philosophyProject/philos.html

Philosophy-Web

Die im Bau befindliche Web-Seite des Philosophischen Seminars der Freien Universität Berlin, mit Verbindungen zu anderen philosophischen Seiten.
http://pollux.zedat.fu-berlin.de/~aporia/philos-english.html

Zensur

The File Room – Das Zensur-Archiv

»Der File-Room beansprucht keine wissenschaftliche Autorität, will aber zu Debatten über Zensurfragen anregen.« Eine Datenbank zur Geschichte der Zensur in den verschiedenen Medien, von der Antike bis in die jüngste Gegenwart, mit einem Eingabeformular zur Meldung neuer Fälle.
http://fileroom.aaup.uic.edu/FileRoom/documents/TofCont.html

Klare Antwort
»Auf die bange Frage, wie denn Regierungen Kontrolle über den Datenstrom erlangen können, antwortet der Rechtsanwalt Stewart Baker, ehemals Berater des US-Geheimdienstes NSA: ›Eine Methode ist, es einfach zu tun.‹«
http://www.spiegel.de (Augabe 13/1996)

Verbotene Bücher

Eine Ausstellung ausgewählter Online-Texte mit Anstoßkraft – von »Ulysses« und »Lady Chatterley« bis zu »Huckleberry Finn« und »Rotkäppchen« (wegen der Flasche Wein in Rotkäppchens Korb, die sich angesichts des Alkoholismusproblems nicht mehr verantworten läßt)!
http://www.cs.cmu.edu/Web/People/spok/banned-books.html

Ausgang: Fünfhundert Bücher

Das Archiv des Projekt Gutenberg Deutschland

Stand: April 1996. Siehe auch S. 133.

http://www.abc.de/gutenb/gutenb.htm

Andersen, Hans Christian, ›Märchen‹
Bechstein, Ludwig, ›Märchen‹
Brentano, Clemens, ›Das Märchen von Fanferlieschen Schönefüßchen‹
Büchner, Georg, ›Lenz‹
– ›Woyzeck‹
Bürger, Gottfried August, ›Münchhausen‹
Busch, Wilhelm, ›Max und Moritz‹
Dauthendey, Max, ›Erzählungen‹
Defoe, Daniel, ›Robinson Crusoe‹
Droste-Hülshoff, Annette von, ›Die Judenbuche‹
Fontane, Theodor, ›Die Poggenpuhls‹
– ›Effi Briest‹
Fouqué, Friedrich de la Motte, ›Der Zauberring‹
– ›Undine‹
Ganghofer, Ludwig, ›Der Michel und sein Todfeind‹
– ›Der rote Komiker‹
– ›Der Schuß in der Nacht‹
– ›Herzmannski, der Getreue‹
– ›Stutzi, der Pechvogel‹
Goethe, Johann Wolfgang von, ›Belagerung von Mainz‹
– ›Der Zauberlehrling‹
– ›Die Leiden des jungen Werther‹
– ›Die Wahlverwandtschaften‹
– ›Faust I‹
– ›Faust. Der Tragödie zweiter Teil‹
– ›Novelle‹
– ›Sankt-Rochus-Fest zu Bingen‹
Grimm, Wilhelm u. Jakob Ludwig, ›Märchen‹ (unvollständig)
Grimmelshausen, Hans Jakob Christoffel von, ›Die Lebensbeschreibung der Erzbetrügerin und Landstörzerin Courasche‹
– ›Simplicius Simplicissimus‹
Günderode, Karoline von, ›Gedichte‹
Hauff, Wilhelm, ›Alle Märchen‹

Hoffmann, E.T.A., ›Das Gelübde‹
– ›Das Majorat‹
– ›Das öde Haus‹
– ›Das Sanctus‹
– ›Das steinerne Herz‹
– ›Der Sandmann‹
– ›Die Jesuitenkirche in G.‹
– ›Ignaz Denner‹
– ›Klein Zaches, genannt Zinnober‹
Hofmannsthal, Hugo von, ›Der Tor und der Tod‹
Hölderlin, Friedrich, ›Briefe und Gedichte‹
Jean Paul, ›Flegeljahre‹
– ›Leben des Quintus Fixlein‹
– ›Leben des vergnügten Schulmeisterlein Maria Wutz‹
Kafka, Franz, ›Ausgewählte Erzählungen‹
– ›Das Urteil‹
– ›Die Verwandlung‹
– ›Ein Landarzt‹
Keller, Gottfried, ›Die Leute von Seldwyla‹
– ›Kleider machen Leute‹
Kleist, Heinrich von, ›Das Erdbeben in Chili‹
– ›Über das Marionettentheater‹
Lessing, Gotthold Ephraim, ›Ausgewählte Fabeln‹
– ›Minna von Barnhelm‹
Marx, Karl/Friedrich Engels, ›Das Manifest der kommunistischen Partei/ Thesen über Feuerbach/Abschweifung über produktive Arbeit‹
Melville, Herman, ›Moby Dick‹
Meyer, Conrad Ferdinand, ›Das Amulett‹
– ›Die Hochzeit des Mönchs‹
Morgenstern, Christian, ›Galgenlieder‹
– ›In Phanta's Schloß‹
– ›Weitere Gedichte‹
Mörike, Eduard, ›Der Bauer und sein Sohn‹
– ›Die Historie von der schönen Lau‹
– ›Mozart auf der Reise nach Prag‹
Moritz, Karl Philipp, ›Anton Reiser‹
Musäus, Johann Karl August, ›Legenden von Rübezahl‹
Nettelbeck, Joachim, ›Des Seefahrers Joachim Nettelbeck höchst erstaunliche Lebensgeschichte von ihm selbst erzählt‹
Nietzsche, Friedrich, ›Also sprach Zarathustra‹
Raabe, Wilhelm Karl, ›Die schwarze Galeere‹
– ›Im Siegeskranze‹
– ›Stopfkuchen‹
Rilke, Rainer Maria, ›Ausgewählte Gedichte‹
Schiller, Friedrich, ›Gedichte‹
Schnabel, Johann Gottfried, ›Die Insel Felsenburg‹
Schwäbische Volksmärchen

Stifter, Adalbert, ›Bergkristall‹
– ›Die Sonnenfinsternis am 8. Juli 1842‹
– ›Ein Gang durch die Katakomben‹
– ›Hagelwetter‹
Storm, Theodor, ›Bulemanns Haus‹
– ›Der kleine Häwelmann‹
– ›Der Spiegel des Cyprianus‹
– ›Hinzelmeier‹
Thoma, Ludwig, ›Der heilige Hies‹
– ›Der Münchner im Himmel‹
– ›Lausbubengeschichten‹
Wieland, Christoph Martin, ›Aristipp‹
– ›Das Hexameron von Rosenhain‹
– ›Der neue Amadis‹
– ›Die Abderiten‹
– ›Dschinnistan‹
– ›Menander und Glycerion‹
– ›Musarion‹
– ›Peregrinus Proteus‹

Europens Bücher

»Korf ist fassungslos, und er entflieht,
wenn er nur Europens Bücher sieht.
Er versteht es nicht, wie man
zentnerschwere Bände leiden kann.
Und ihm graut, wie man dadurch den Geist
gleichsam in ein Grab von Stoff verweist.
Geist ist leicht und sollte darum auch
leicht gewandet gehn nach Geisterbrauch.
Doch der Europäer ruht erst dann,
wenn er ihn in Bretter ›binden‹ kann.«
Christian Morgenstern, 1910.

http://www.lunetix.de/kultur/Literatur.html

Das Archiv der »Association des Bibliophiles Universels« (ABU)

Stand: Mai 1996. Siehe auch S. 135.

http://www.cnam.fr/ABU/

La Bible (Altes und Neues Testament)
›Chanson de Roland‹
Déclaration des droits de l'homme et du citoyen de 1789
Déclaration universelle des droits de l'homme, UNO, 1948
Texte de la loi Toubon, Paris, 1994
Traité sur l'Union Européenne, Maastricht, 1992

Augustinus (Saint-Augustin) ›Lettres 11, 12, 16, 17‹
– ›Textes: Sermon du symbole aux catechumènes / De la foi et du symbole / Contre l'épître du fondement de Mani / De la Trinité‹
Balzac, Honoré de, ›Le Colonel Chabert‹
Bergerac, Cyrano de, ›Voyage dans la lune; Histoire comique des états et empires du soleil‹
Cazotte, Jacques, ›Le diable amoureux‹
Constant, Benjamin, ›Adolphe‹
Corneille, Pierre, ›Cinna‹
Descartes, René, ›Discours de la méthode‹
Flaubert, Gustave, ›Un coeur simple‹
Fontenelle, Bernard le Bovyer de, ›Entretiens sur la pluralité des mondes habités‹
Fromentin, Eugène, ›Dominique‹
Goncourt, Edmond u. Jules de, ›Germinie Lacerteux‹
Lafargue, Paul, ›Le droit à la paresse‹
Larbaud, Valéry, ›Rldasedlrad les dlcmhypbgf‹
Malebranche, Nicolas, ›Méditations sur l'humilité et la pénitence‹
Maupassant, Guy de, ›Le Horla‹
Molière, ›Dom Juan‹
– ›L'avare‹
– ›Les fourberies de Scapin‹
– ›Tartuffe‹

Moreux, Th., ›La vie sur Mars‹
Nerval, Gérard de, ›La main enchantée‹ in ›Contes et facéties‹
Nugues-Richer, Charlines, ›Les Magies du Délire, Poèmes‹, Paris, 1995
Pascal, Blaise ›La machine d'arithmétique‹
(Pseudo-)Plutarch, ›Des opinions des philosophes‹, übers v. J. Amyot, Edition Frelon, Lyon, 1620
Racine, Jean, ›Athalie‹
Rousseau, Jean-Jacques, ›Les rêveries du promeneur solitaire‹
Stendhal, ›Chroniques Italiennes – La duchesse de Palliano‹
– ›Chroniques Italiennes – Les Cenci‹
– ›Chroniques Italiennes – Vittoria Accoramboni‹
Verne, Jules, ›De la terre à la lune‹
– ›Les forceurs de blocus‹
Vian, Boris, ›Eccéité de la pin-up girl‹ (La Rue, numéro 11, 20 septembre – 4 octobre 1946)
Voltaire, ›Candide‹
– ›Micromégas‹
Washington, Cecil R., ›Né en France, mort aux Etats-Unis‹, Los Angeles, 1994
Zola, Emile, ›J'accuse‹

Das Archiv des amerikanischen Projekt Gutenberg

Stand: Mai 1996. Siehe auch S. 132.

http://promo.net/pg/

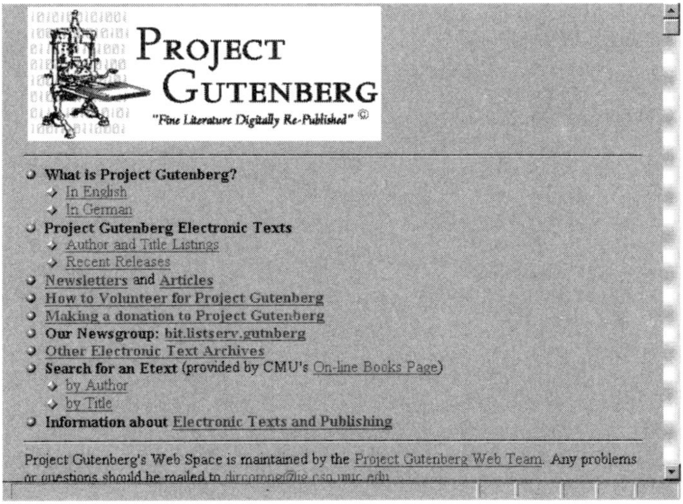

Abbott, Edwin A., ›Flatland‹
Aesop, ›Fables‹
Alcott, Louisa May, ›Flower Fables‹
Alger, Horatio, Jr., ›Paul Prescott's Charge‹
– ›The Cast Boy‹
Austen, Jane, ›Emma‹
– ›Mansfield Park‹
– ›Northanger Abbey‹
– ›Persuasion‹
– ›Sense and Sensibility‹
Austin, Mary, ›The Land of Little Rain‹
Barker, Nettie Garmer, ›Kansas Women in Literature‹
Barr, Amelia E., ›Remember the Alamo‹
Barrie, J. M., ›Margaret Ogilvy‹
– ›Peter Pan‹
Baum, L. Frank,
– ›The Marvelous Land of Oz‹
– ›The Wonderful Wizard of Oz‹
Benet, Stephen Vincent, ›Young Adventure‹

Bierce, Ambrose, ›An Occurrence At Owl Creek Bridge‹
– ›Fantastic Fables‹
Boysen, Hjalmar Hjorth, ›Tales From Two Hemispheres‹
Brooke, Rupert, ›Poems of Rupert Brooke‹
Brown, William Wells, ›Clotelle or The Colored Heroine‹
Bunyan, John, ›The Pilgrim's Progress‹
Burnett, Frances Hodgson, ›Sara Crewe‹
– ›The Little Princess‹
– ›The Secret Garden‹
Burroughs, Edgar Rice, ›At the Earth's Core‹
– ›The Lost Continent‹
– ›The Mad King‹
– ›The Monster Men‹
– ›The Mucker‹
– ›The Oakdale Affair‹
– ›The Outlaw of Torn‹
– *The Mars Series:*
– ›A Princess of Mars‹
– ›The Gods of Mars‹
– ›The Warlord of Mars‹
– ›Thuvia, Maid of Mars‹
– *The Tarzan Series:*
– ›Jungle Tales of Tarzan‹
– ›Tarzan and the Jewels of Opar‹
– ›Tarzan of the Apes‹
– ›The Beasts of Tarzan‹
– ›The Return of Tarzan‹
– ›The Son of Tarzan‹
Cabell, James Branch, ›The Certain Hour‹
Caesar, Julius, ›Commentaries in Latin‹ (Buch I bis IV)
Carroll, Lewis, ›Alice's Adventures in Wonderland‹
– ›The Hunting of the Snark‹
– ›Through the Looking Glass‹
Cather, Willa, ›Alexander's Bridge‹
– ›My Antonia‹
– ›O Pioneers!‹
– ›The Song of the Lark‹
– ›The Troll Garden, et al‹
Chaucer, Geoffrey, ›Troilus and Crisyde‹
Chesterton, G. K., ›The Innocence of Father Brown‹
– ›Orthodoxy‹
– ›The Wisdom of Father Brown‹
Chopin, Kate, ›The Awakening & Other Short Stories‹
Cicero, ›Orations‹ (in Latein, Auswahl)
Clemens, Samuel Langhorne, siehe Mark Twain
Coleridge, ›The Rime of the Ancient Marnier‹
Collins, Wilkie, ›The Haunted Hotel‹
– ›The Moonstone‹

Conrad, Joseph, ›Heart of Darkness‹
– ›The Secret Sharer‹
Conwell, Russell H., ›Acres of Diamonds‹
Coombs, Norman, ›The Black Experience in America‹
Corson, Hiram, ›Introduction to Browning‹
Crane, Stephen, ›Rebecca Harding Davis
– ›The Princess Aline‹
– ›The Red Badge of Courage‹
Davis, Richard Harding, ›Frances Waldeaux‹
– ›The Scarlet Car‹
– ›Van Bibber's Life‹
Defoe, Daniel, ›A Journal of the Plague Year‹
– ›Moll Flanders‹
Descartes, René, ›Discourse on the Method of Rightly Conducting the Reason, and Seeking Truth in the Sciences‹
Dickens, Charles, ›A Christmas Carol‹
– ›A Tale of Two Cities‹
Douglass, Frederick, ›Collected Articles of Frederick Douglass, a Slave‹
– ›My Bondage and My Freedom‹
– ›Narrative of the Life of Frederick Douglass, an American Slave‹
Doumic, René, ›Biography of George Sand‹
Doyle, Sir Arthur Conan, ›A Study in Scarlet‹
– ›Beyond the City‹
– ›The Captain of the Polestar‹
– ›The Lost World‹
– ›The Parasite‹
– ›The Poison Belt‹
– ›The Return of Sherlock Holmes (Magazine Edition)‹
– ›The Return of Sherlock Holmes‹
– ›The Stark Munro Letters‹
Drake, Joseph Rodman, ›Culprit Fay and Other Poems‹
Dreiser, Theodore, ›Sister Carrie‹
Eastman, Charles, ›Indian Boyhood‹
– ›Indian Heroes & Great Chieftains‹
– ›Old Indian Days‹/
– ›The Soul of the Indian‹
Eliot, George, ›Middlemarch‹
Ferber, Edna, ›Buttered Side Down‹
– ›Fanny Herself‹
Fitzgerald, Edward (Übers.), ›The Rubaiyat of Omar Khayam‹
Fox, John Jr., ›A Knight of the Cumberland‹
Franklin, Benjamin, ›The Autobiography‹
Frederic, Harold, ›The Damnation of Theron Ware‹
– ›The Market-Place‹
Gaboriau, Emile, ›The Count's Millions‹
Gilman, Charlotte Perkins Stetson, ›Herland‹
Goldsmith, Oliver, ›She Stoops to Conquer‹
Gordon, Adam Lindsay, ›The Poems of A.L. Gordon‹

Gower, John, ›Confessio Amantis‹
Grahame, Kenneth, ›Drean Days‹
– ›The Golden Age‹
– ›The Wind in the Willows‹
Gregory, Eliot, ›The Ways of Men‹
– ›Worldly Ways and Byways‹
Guest, Edgar A., ›A Heap O' Livin'‹
Hardy, Thomas, ›A Pair of Blue Eyes‹
– ›Far from the Madding Crowd‹
– ›Jude the Obscure‹
– ›Tess of the d'Urbervilles‹
– ›The Mayor of Casterbridge‹
– ›The Return of the Native‹
Harris, Robert, ›Stories from the Old Attic‹
Hawthorne, Nathaniel, ›The House of Seven Gables‹
– ›The Scarlet Letter‹
– ›William Sydney Porter‹
Hope, Anthony, ›The Prisoner of Zenda‹
Howells, William Dean, ›The Rise of Sila Lapham‹
Hugo, Victor, ›Les Miserables‹ (In Englisch)
Hyne, J. Cutcliffe, ›The Lost Continent‹
Irving, Washington, ›The Legend of Sleepy Hollow‹
James, Henry, ›An International Episode‹
– ›Confidence‹
– ›Daisy Miller‹
– ›Roderick Hudson‹
– ›The American‹
– ›The Aspern Papers‹
– ›The Europeans‹
– ›Turn of the Screw‹
Jewett, Sarah Orne, ›The Country of the Pointed Firs‹
Kilmer, Joyce, ›Main Street and Other Poems‹
– ›Trees and Other Poems‹
Kinglake, A. W., ›Eothen‹
Kipling, Rudyard, ›The Jungle Book‹
– ›Verses 1889-1896‹
Lang, Andrew, ›The Arabian Nights‹
Lawrence, D. H., ›Sons and Lovers‹
Lawson, Henry, ›In the Days When the World Was Wide‹
Laxer, Mark E., ›Take Me For A Ride‹
Leroux, Gaston, ›The Phantom of the Opera‹
London, Jack, ›Before Adam‹
– ›John Barleycorn‹
– ›The Call of the Wild‹
Longfellow, Henry W., ›The Song of Hiawatha‹
Lowell, Amy, ›Dome of Many-Coloured Glass‹
MacDonald, George, ›At the Back of the North Wind‹
– ›Phantastes, A Faerie Romance‹

Maugham, Somerset, ›Moon and Sixpence‹
– ›Of Human Bondage‹
McCrae, John, ›In Flanders Fields‹
McGowan, Richard, ›Violists‹
McLaughlin, ›Myths and Legends of the Sioux‹
Millay, Edna St. Vincent, ›Renaissance and Other Poems‹
Milton, John, ›Paradise Lost‹
– ›Paradise Regained‹
Montgomery, Lucy Maud, ›Anne of Avonlea‹
– ›Anne of Green Gables‹
– ›Anne of the Island‹
– ›The Golden Road‹
Morley, Christopher, ›The Haunted Bookshop‹
Morris, William, ›A Dream of John Ball, etc.‹
– ›Child Christopher‹
– ›The Well At The World's End‹
Muir, John, ›Steep Trails‹
Norris, Frank, ›McTeague‹
– ›Moran of the Lady Letty‹
– ›The Octopus‹
Olcott, Frances J., ›Good Stories for Holidays‹
Omar Khayam, siehe Fitzgerald, Edward
Orczy, Baroness, ›The Scarlet Pimpernel‹
Page, Thomas Nelson, ›The Burial of the Guns‹
Paine, Thomas, ›Common Sense‹
Paterson, „Banjo", ›Rio Grande's Last Race‹
– ›The Man From Snowy River‹
– ›Three Elephant Power‹
Plato, ›The Republic‹
Porter, Eleanor H., ›Miss Billie Married‹
– ›Miss Billie's Decision‹
Porter, Gene Stratton, ›A Girl of the Limberlost‹
– ›Freckles‹
– ›Laddie‹
– ›The Harvester‹
Porter, William Sydney, ›The Gift of the Magi‹
Propertius, ›Carmina‹ (Latein)
Proudhon, P.J., ›What is Property‹
Raleigh, Walter, ›Robert Louis Stevenson‹
Rinehart, Mary Roberts, ›Where There's A Will‹
– ›Bab: A Sub-Deb‹
Robinson, Edwin Arlington, ›Children of the Night‹
Rohmer, Sax, ›The Insidious Dr. Fu Manchu‹
Rowson, Susanna, ›Charlotte Temple‹
Rudder, R. S., ›The White Knight: Tirant Lo Blanc‹
Saki (H. H. Munro), ›Beasts and Super-Beasts‹
Schwartau, Winn ›Terminal Compromise‹
Scott, Sir Walter, ›Ivanhoe‹

Service, Robert, ›Ballads of a Cheechako‹
– ›Rhymes of a Red Cross Man‹
– ›Rhymes of a Rolling Stone‹
– ›The Spell of the Yukon‹
Sewell, Anna, ›Black Beauty‹
Shakespeare, William, ›The Complete Works‹
Shaw,Anna Howard, ›The Story of a Pioneer‹
Shelley, Mary Wollstonecraft, ›Frankenstein, or The Modern Prometheus‹
Sinclair, Upton, ›The Jungle‹
Socrates, ›The Second Story of Meno‹
Sophocles, ›The Oedipus Trilogy‹
Sprague, Ruth M., ›Wild Justice‹
Stevenson, Robert Louis, ›A Child's Garden of Verses‹
– ›Edingburgh Picturesque Notes‹
– ›Fables‹
– ›Father Damien‹
– ›Island Nights' Entertainments‹
– ›Lay Morals‹
– ›Memories and Portraits‹
– ›Merry Men‹
– ›Prince Otto‹
– ›Records of a Family of Engineers‹
– ›St Ives‹
– ›The Strange Case of Dr. Jekyll and Mr. Hyde‹
– ›Treasure Island‹
Stoker, Bram, ›Dracula‹
Stowe, Harriet Beecher, ›Uncle Tom's Cabin‹
Tarkington, Booth, ›The Flirt‹
Taylor, Bayard, ›Beauty and The Beast, etc.‹
Thoreau, Henry David, ›On the Duty of Civil Disobedience‹
– ›Walden‹
Tolstoy, Leo, ›The Forged Coupon‹
Twain, Mark, ›A Connecticut Yankee in King Arthur's Court‹
– ›A Tramp Abroad‹
– ›Life on the Mississippi‹
– ›Pudd'n'head Wilson‹
– ›The $30,000 Bequest‹
– ›The Adventures of Huckleberry Finn‹
– ›The Adventures of Tom Sawyer‹
– ›Tom Sawyer Abroad‹
– ›Tom Sawyer Detective‹
– ›What is Man? And Other Essays‹
Tzu, Lao (Hsuan Chiao) ›Tao/Dao Te/h King/Ching‹
Tzu, Sun ›The Art of War‹
Vergil, ›Aeneis‹ (Latein)‹
– ›Bucolica/Ecloges‹ (Latein)
– ›Georgica‹ (Latein)
– ›The Aeneid‹ (Englisch)

– ›The Bucolics/Ecloges‹ (Englisch)
– ›The Georgics‹ (Englisch)
Verne, Jules, ›20,000 Leagues Under The Sea‹
– ›Around the World in Eighty Days‹
– ›From the Earth to the Moon and A Trip Around It‹
Webster, Jean (Twain Gransneice), ›Daddy-Long-Legs‹
– ›Dear Enemy‹
Wells, Herbert George, ›The Island of Doctor Moreau‹
– ›The Time Machine‹
– ›The War of the Worlds‹
Wharton, Edith, ›Bunner Sisters‹
– ›Summer‹
– ›The Early Short Fiction, Part One‹
– ›The Early Short Fiction, Part Two‹
– ›The House of Mirth‹
– ›The Reef‹
Wheatley, Henry B., ›Literary Blunders‹
Wilde, Oscar, ›Ballad of Reading Gaol‹
– ›The Picture of Dorian Gray‹
Wollstonecraft, Mary, ›Maria, or The Wrongs of Woman‹
Woolf, Virginia, ›The Voyage Out‹
Zitkala-Sa, ›Old Indian Legends‹

Literaturhinweise

Online-Texte

Behme, Henning, *»Diderots Traum – Literarische Texte digitalisiert«*. Eine gute deutsche Einführung in das Project Gutenberg
http://www01.ix.de/ix/raven/Web/9505/ProjGutenberg/html.

Bush, Vannevar, »As We May Think«, in: *Atlantic Monthly,* Juli 1945. Einer, der im Zweiten Weltkrieg die Aktivitäten von 6000 amerikanischen Wissenschaftlern koordiniert hat, macht sich unmittelbar nach Ende der Kampfhandlungen Gedanken darüber, was alle diese Leute in Friedenszeiten tun könnten, nimmt das Problem der menschlichen Überlieferung, insbesondere des chaotischen Wachstums der Anzahl von Dokumenten, Veröffentlichungen, Bibliotheken aufs Korn und antizipiert bis in die Einzelheiten von Aussehen und Binnenstruktur der Dateiverwaltung den Computer als Ergänzung des menschlichen Gedächtnisvermögens (siehe auch S. 104f.).
http://www.isg.sfu.ca/~duchier/misc/vbush

Deemer, Charles, *What is Hypertext?* (Auszug) Deemer schildert, wie er als Dramatiker erstmals auf das Problem der Verzweigung von Handlungsabläufen stieß und beschreibt die Entstehung des Konzepts Hypertext: die Idee geht auf Vannevar Bush (s.o.), das Wort auf Ted Nelson zurück. Ob die literarische Zukunft des 21. Jahrhunderts tatsächlich dem Hypertext gehört, wie Deemer annimmt, wird sich ja dann zeigen. (Vgl. hierzu den Aufsatz von G. Rees)
http://www.teleport.com/~cdeemer/essay.html

Die unendliche Bibliothek. Digitale Information in Wissenschaft, Verlag und Bibliothek. Eine Buchausgabe hat der Verlag Harrassowitz, Wiesbaden, herausgebracht. Online sind die einzelnen Beiträge über die Leitseite der Deutschen Bibliothek, Frankfurt, zu beziehen.
http://www.ddb.de/

Hart, Michael, *History and Philosophy of Project Gutenberg.* Der Begründer des Project Gutenberg über die Anfänge, die Entwicklung, die Kriterien von Auswahl und Editionstechnik und die künftigen Ziele.
http://promo.net/pg/history.html

Hilberer, Thomas, *Literarische Texte über das Internet.* Vortrag auf dem 85. Deutschen Bibliothekarstag in Göttingen, Juni 1995. Überblick über das Project Gutenberg.
http://promo.net/pg/german.html

Klute, Rainer, *Das WWW-Kompendium. Multimedialer Hypertext im Internet.* (c) 1995 Rainer Klute/NADS GmbH, Bonn: Addison-Wesley. Die frühen Versionen dieses Buches wurden zur Kritik und Lektüre vorab im Netz publiziert. Auch nach dem Erscheinen der Druckausgabe soll es im Netz verfügbar bleiben. Es richtet sich vor allem an Anbieter von Informationen, ist aber in einigen seiner Kapitel auch für (technisch fortgeschrittene) Internet-»Leser« von Interesse.
http://www.nads.de/~klute/WWW-Kompendium/

Rees, Gareth, *Tree-Fiction on the WWW.* Rees untersucht in seinem Aufsatz die Schwierigkeiten, die sich beim Entwurf von »interaktiven« Geschichten mit Baumstrukturen ergeben, in deren Verlauf der Leser an bestimmten Verzweigungen entscheiden kann, welchem Handlungsstrang er weiter folgen will – ein skeptischer Blick auf einige der Möglichkeiten, die sich in der Sphäre der Hypertextlinks anzubieten scheinen und doch vielleicht nur literarische Holzwege sind. Zahlreiche Links verweisen auf Beispiele von Hypertext-Literatur im World Wide Web.
http://www.cl.cam.ac.uk/users/gdr11/tree-fiction.html

Scheller, M. u.a., *Internet-Werkzeuge und Dienste. Von Archie bis World Wide Web,* Berlin, Heidelberg: Springer 1994. Eine nicht mehr ganz aktuelle Einführung, die auch online komplett verfügbar ist unter der Adresse:
http://www.ask.uni-karlsruhe.de/books/inetwd.html

Welsch, Erwin K., *Electronic Sources for Westeuropean History and Culture.* Ein umfangreiches kommentiertes Verzeichnis von Listservern, Diskussionsgruppen, Bibliothekszugängen aus der Zeit, als das World Wide Web noch in den Anfängen steckte, Stand Mitte 1993.
gopher://dewey.lib.ncsu.edu/ (Pfad: \library\reference\guides\)

Bücher

Clark, Michael, *Cultural Treasures of the Internet,* Upper Saddle River, NJ: Prentice Hall PTR 1995.

December, John u. Neil Randall, *World Wide Web für Insider,* Haar b. München: SAMS/Markt und Technik Verlag 1995.

Gagnon, Eric, *What's On the Internet, Summer/Fall 1995,* Berkeley, Cal.: Peachpit Press 1995. (Ein umfangreicher Führer zu den Newsgroups im Internet.)

Goldmann, Martin, Claus Herwig, Gabriele Hooffacker, *Internet. Per Anhalter durch das globale Datennetz,* Reinbek: Rowohlt 1995, 1996

Hoffmann, Paul E., *Netscape & WWW für Dummies,* Bonn: Thomson 1996.

Jüngling, Helmut (Hrsg.), *Internet und Bibliotheken. Entwicklung, Praxis, Herausforderungen.* Köln: Greven 1995. (Kölner Arbeiten zum Bibliotheks– und Dokumentationswesen, Heft 21).

Landows, George P., *Hypertext: The Convergence of Contemporary Critical Theory and Technology,* Baltimore: Johns Hopkins University Press 1992. (Informationen zu diesem Buch findet man online auf der Homepage von G.P.L., siehe Seite 92)

Levine, John R. u. Carol Baroudi, *Internet für Dummies. Gegen den täglichen Frust im Internet.* Bonn: Thomson 1996. (Schwerpunkt die »traditionellen« Bereiche des Internet: FTP, Usenet, Archie, Gopher. Zum World Wide Web vgl. das Buch von Hoffmann aus der gleichen Reihe)

Rost, Martin (Hrsg.), *Die Netzrevolution. Auf dem Weg in die Weltgesellschaft,* Frankfurt: Eichborn 1996.

Rudolph, Mark Torben, *Weltweit surfen im Internet,* Düsseldorf: Data Becker 1995.

Stoll, Clifford, *Die Wüste Internet. Geisterfahrten auf der Datenautobahn,* Frankfurt: S. Fischer 1996.

Waltz, Mitzi, *The Internet International Directory,* Emeryville, Cal.: Ziff-Davis Press 1995 (mit CD-Rom).

World Wide Web Y..... Pages. Das Adreßbuch für jeden Datenreisenden, hrsg. von der Neuen Mediengesellschaft Ulm, Haar b. München: Markt und Technik Verlag 1995.

Zeitschriften

Viele Computerzeitschriften berichten regelmäßig auch über das Internet. Lesenswerte Artikel finden sich auch immer wieder auf der wöchentlichen Computer-Seite der »Zeit«. Hier nur einige Hinweise auf Magazine, in denen das Internet ständig Schwerpunkt ist.

com! T-Online & Internet, Ulm: Neue Mediengesellschaft. Erscheint monatlich. Die Mitglieder-Zeitschrift von T-Online ist in ihrem Internet-Teil bisweilen auch für Nicht-Mitglieder interessant.

in'side online. Praxismagazin für Internet, CompuServe, T-Online, Eschwege: TRONIC-Verlag

internet express. Buggingen: Trend-Redaktions– und Verlagsgesellschaft mbH. Erscheint vierzehntägig ab Mai 1996.

internet world. The Magazine for Internet Users, Westport CT: Mecklermedia Corp. erscheint monatlich.

.net. the internet magazine, Bath, Engl.: Future Publishing Ltd.

online praxis, Düsseldorf: Data Becker.

PC-Online, Würzburg: Vogel Verlag.

pl@net. das internet magazin. München:Ziff-Davis Verlag, soll ab Juni 1996 monatlich erscheinen.

Personenregister

Die im Anhang (S. 172ff.) wiedergegebenen, alphabetisch geordneten Autoren- und Bestandslisten einiger elektronischer Textarchive wurden in dieses Register *nicht* aufgenommen.)

Sachregister